Christina Brudereck

Über mich selbst hinaus
Bewegende Frauenleben

Christina Brudereck

Über mich selbst hinaus

Bewegende Frauenleben

SCM R.Brockhaus

SCM

Stiftung Christliche Medien

© 2008 R.Brockhaus im SCM-Verlag GmbH & Co. KG, Witten
Umschlaggestaltung: Miriam Gamper, Essen (www.dko-design.de)
Satz: Satz & Medien Wieser, Stolberg
Druck: CPI–Ebner & Spiegel, Ulm
ISBN: 978-3-417-26254-4
Bestell-Nr. 226.254

INHALT

Vorwort: Meine Geschichte mit den Geschichten 15
*Ich habe Biografien immer verschlungen, und dann habe
ich mir angewöhnt, mein Herz damit zu füttern.*

Meine Großmütter & Co. 18
*Von den Alten zu lernen bedeutet, sich in eine Geschichte
einzureihen.*

**Sojourner Truth und die Freiheit,
einen Namen zu haben** 25
*And ain't I a woman? Und bin ich etwa keine Frau?
(Sojourner Truth)*

Alice Walker und die Farbe Lila 28
*Du kannst wirklich keine gute Künstlerin sein, wenn du nicht
sagen kannst, was du fühlst. Und manche Leute mögen sich
angegriffen fühlen, aber es ist eben das, was du empfindest,
und es ist dein gutes Recht, das auszudrücken, ja, es ist auch
deine Gabe. (Alice Walker)*

14 000 Textilarbeiterinnen und Brot und Rosen 32
It is bread we fight for, but for roses, too. (Plakataufschrift)

Die Bibel und die Frauen 34
*Diese heilige Erzählerin darf ihre Geschichten auch gegen
meine Erfahrungen behaupten.*

Beginen und ihre Beginenhöfe 38
*Wir brauchen Orte, an denen unsere Seele ein Dach findet
und eine offene Tür gleichermaßen.*

Ida Scudder und der Staub an den Füßen 41
*Wäge zuerst ab, dann wage es. Du musst die Fakten kennen und
die Kosten. Geld ist aber nie das Allerwichtigste. Denk daran,
dass du nicht dein eigenes Reich baust. Vertu dich nicht, und
denk niemals klein von dir selber. (Ida Scudder)*

Eine Inderin und die Wiedersehensfreude 47
Wir werden uns wiedersehen!

Nscho-tschi und die wirklich erfundene Wirklichkeit .. 48
*Eine Frau war herausragend, schön und tapfer und hatte unter
Namenlosen einen Namen. Allein darin steckte eine Erlaubnis,
eine Freiheit.*

**Rigoberta Menchú Tum und die Rechte der
Indianerinnen** 50
*Christus war revolutionär, weil er an grundsätzliche
Veränderung, an Transformation glaubte.
(Rigoberta Menchú Tum)*

**Südafrikanerinnen und das Prinzip »Sisterhood«,
Verschwesterung** 55
Wir finden gut, wenn du gut bist! (Khumo Nthla)

Gudrun Sjödén und die bunten Klamotten 57
*Ich möchte die Ganzheitlichkeit in Frauen auszeichnen, die sich
selbst helfen, die ihre Träume verwirklichen, ihre Persönlichkeit
zum Ausdruck bringen und anderen Frauen ein Beispiel sind.
(Gudrun Sjödén)*

**Anita Roddick und die Idee, immer schön fair
zu bleiben** 60
*Hast du dir je darüber Gedanken gemacht, dass du vom größten
Teil der Welt abhängig bist? Du stehst morgens auf und greifst im
Bad nach einem Schwamm, der wird dir von einem Insel-*

bewohner aus dem Pazifik gereicht. Du nimmst ein Stück Seife,
und du empfängst sie aus den Händen eines Franzosen ...
(Dr. Martin Luther King junior)

Rabia al-Adawiyya al-Qaisiyya
und Gegensätze wie Feuer und Wasser 66
Gott, wenn ich dich aus Furcht vor der Hölle verehre, verbrenn
mich in der Hölle. Und wenn ich dich nur in Hoffnung auf das
Paradies verehre, dann schließe mich aus aus dem Paradies.
Aber wenn ich dich um deiner selbst willen ehre, dann
versage mir deine ewige Schönheit nicht.
(Rabia al-Adawiyya al-Qaisiyya)

Leah Nomalizo Tutu und die Christuskraft 67
Die Liebe hat es schwer in Zeiten von Apartheid,
Klischees und Einseitigkeit.

Neela Marikkar und die Menschenkette 71
Ich habe jetzt jahrelang Krieg in meiner Heimat Sri Lanka
erlebt. Ich habe manches Mal Angst gehabt, aber da ich im
Süden des Landes lebe, war der Krieg mir nicht täglich nah
wie anderen. Aber an einem Punkt kam der Krieg in mein
Leben und dieser Tag änderte alles für mich ...

Klara, Assisi, Franz und das Leben als Nonne 76
Unendliche Sehnsucht kann nur mit Unendlichkeit
gestillt werden.

Lady Liberty, die Symbole und die Namen 80
Wir brauchen Symbole und noch mehr brauchen wir die Werte,
für die sie stehen, und noch mehr die Menschen, die diese Werte
auch wahrhaftig verwirklichen.

Eine berühmte Witwe und ihre kleine Spende 82
Manchmal müssen wir beten, dass wir wütend werden.

Willeke van Ammelrooy und die Schürze von Antonia . 86
Antonia hat Platz in ihrem großen Herzen. Deshalb finden viele
Platz an ihrem Tisch und in ihrem Haus.

Virginia Woolf und mein Zimmer für mich allein 91
Ich wünsche Ihnen, dass Sie Ihren Platz finden, ihn einnehmen
und für andere Platz einräumen.

Helen Keller und die unausgesprochenen Fragen 93
Die besten und schönsten Dinge auf der Welt kann man weder
sehen noch hören. Man muss sie mit dem Herzen fühlen.
(Helen Keller)

Rosa Parks – und es ist noch immer ein Platz frei 95
Sitzen bleiben kann jede/r.

Coretta Scott King und die Kraft, weiterzumarschieren 99
Werdet niemals so wie die, die ihr bekämpft!
(Coretta Scott King)

Arundhati Roy und die entwaffnende Entrüstung 103
Liebe. Und lass dich lieben. Vergiss niemals deine eigene
Bedeutung. Gewöhn dich nie an die unsagbare Gewalt,
die Gemeinheit und Verzweiflung um dich herum. Such Freude
und Schönheit noch in den dunkelsten Orten. Vereinfache nicht,
was komplex ist, und verkompliziere nicht, was einfach ist.
Respektiere Stärke, aber nicht bloße Macht. Beobachte.
Und versuche, zu verstehen. Guck nicht weg. Eine andere Welt
ist möglich. Sie ist auf dem Weg. An einem stillen Tag kann ich
sie atmen hören. (Arundhati Roy)

Donata Wenders, Susan Sontag
und das Ansehen von Fotos 105
Wie Waffen und Autos sind auch Kameras Spielzeuge,
die süchtig machen. (Susan Sontag)

Johanna Stein und ihre Liebe zu Jochen Klepper 111
Ich lebe, um Gott zu erfahren. (Jochen Klepper)

Shirin Ebadi und der lange Atem 113
Lasst uns geduldig sein, wir haben keine andere Wahl.
(Shirin Ebadi)

Aung San Suu Kyi, die Haft und die Wahrhaftigkeit 114
Das einzige echte Gefängnis ist die Angst. Und die einzige wahre
Freiheit ist die Freiheit von Angst. (Aung San Suu Kyi)

Katharina von Bora und gleichzeitig Frau Luther 118
Die Liebe trägt die Seele, wie die Füße den Leib tragen.
(Katharina von Siena)

Nicole und ein bisschen Frieden 120
Ein bisschen Frieden für diese Erde, auf der wir leben,
ein bisschen Frieden, das wünsch ich mir ... (Nicole)

Magdalena Sophie Barat und die eigene Liberté 121
Kann Gott mir schenken, was eine Frau sich wünscht?
Die Mystikerinnen aller Zeiten behaupten es jedenfalls ...

Theresa von Ávila und der Einzug in die Seelenburg ... 124
In jedem Menschen gibt es einen heiligen Raum.

Harriet Beecher Stowe und die Einladung in eine Hütte 127
Die bittersten Tränen werden über den Gräbern der Worte
geweint, die man nicht mehr gesagt hat und, der Taten,
die ungetan blieben. (Harriet Beecher Stowe)

Lina Morgenstern, Berlin, die Kinder und die Suppe .. 129
Der Kindergarten ergänzt das Familienleben durch seine
gemeinsamen Spiele und Beschäftigungen und bereitet die
Kinder auf die spätere Schule des Lebens vor. Er muss jedoch von

*der elterlichen Erziehung unterstützt und gefördert werden und
macht dieselbe in keiner Weise überflüssig. (Lina Morgenstern)*

**Dr. Elisabeth Abegg
und weit mehr als ein Straßenschild** 131
Mut mutet andern immer etwas zu.

Anne Frank und ein Tagebuch, das Pflichtlektüre wird . 134
*Wie wunderbar zu wissen, dass niemand einen weiteren Moment
warten muss, wir können jetzt beginnen, wir können jetzt
langsam beginnen, die Welt zu verändern. Wie wunderbar, dass
jeder Mensch dazu einen Beitrag leisten kann, Groß oder Klein,
damit Gerechtigkeit sich ihren Weg bahnt. Du kannst immer,
immer etwas geben, und wenn es nur ist, dass du freundlich bist.
(Anne Frank)*

Sophie, Tine und die weiße Rose, die weiterblüht 139
*Rosenblätter, Flugblätter, und du blühst noch immer, du bist
nicht verduftet, du bist nicht bestechlich, weiße Rose.*

Eine Jüdin, das Heimweh und die Schuld 143
Vergessen ist Gnade und Gefahr zugleich. (Theodor Heuss)

Eine Verkäuferin und das Beten 146
Hören Sie doch einmal auf das, was Gott über Sie denkt.

Charlotte Keys und die Bewahrung der Schöpfung 147
*Die Atmosphäre, die wir Menschen schaffen, hat lauter
gefährliche Löcher.*

Agnes von Böhmen 149
*»Man kann nicht allen helfen«, sagt der Engherzige und hilft
keinem. (Marie von Ebner-Eschenbach)*

Mutter Teresa: Kalkutta ist überall 151
Finde dein Kalkutta! (Mutter Teresa)

Ruth Manorama und die Unberührbaren 157
Gnade, ein anderes Wort für Zugänglichkeit.

Wangari Maathai und warum der Friede grün ist 159
*Ihr seid die Zukunft dieses Landes. Wenn sich aber etwas ändern
soll, müsst ihr selbst die Initiative ergreifen. (Wangari Maathai)*

**Bertha von Suttner und das friedliche Buch
einer kämpferischen Baronesse** 162
*Lay down your guns, all you daughters of Zion,
all you Abraham's sons. (Bono)*

Die Schwestern Mirabal und das Erinnern 166
*Was die Raupe »Ende der Welt« nennt, nennt der Rest der Welt
»Schmetterling«. (Laotse)*

Audrey Motaung und die Macht der Musik 169
Do you know the reason why? (Audrey Motaung)

Babette, die Köchin und das Fest der Hingabe 171
Liebe geht durch den Magen. (Volksweisheit)

**Angie Zelter, Ellen Moxley, Ulla Røder
und die Pflugscharen** 173
*Jede Kanone, die gebaut wird, jedes Kriegsschiff, das vom Stapel
gelassen wird, jede abgefeuerte Rakete bedeutet letztlich einen
Diebstahl an denen, die hungern und nichts zu essen bekommen,
denen, die frieren und keine Kleidung haben.
Eine Welt unter Waffen verpulvert nicht nur Geld allein.
Sie verpulvert auch die Hoffnung ihrer Kinder.
(Dwight D. Eisenhower)*

Khumo, Jo-Anne und Geschichten vom Gewicht 175
*Dass Flügel der Liebe uns beschirmen, stellen wir oft erst fest,
wenn um uns herum der Sturm tobt. (Thea Eichholz)*

Marguerite Porète, die Nähe und die Ferne 177
Gott ist loinprès, der Fernnahe. (Marguerite Porète)

Pippi und die vielen Annikas 178
Wir machen uns die Welt, widde widde wie sie uns gefällt.

Und wir, Sie und ich 179
*Wir wurden ins Leben geliebt, also lasst uns das Leben lieben.
Diese Welt braucht dringend Hoffnung, mögen wir selbst
Hoffnung sein. Lasst uns einander mit Taten der Freiheit und
der Güte beschenken. Möge Frieden von uns ausgehen und Mut
unser Vorbild sein. Alle Menschen atmen, denn der göttliche
Geist weht und erneuert das Angesicht der Erde.*

Ein Gedicht als Nachwort: Lisa und diese Geschichten . 181

Zum Weiterlesen 185

für Perlchen,
Charlotte Katharina Jemima,
die geboren wurde, als dieses Buch entstand

und für Lilia Johanna,
die geboren wurde,
als es dann wirklich fertig wurde

Meine Geschichte mit den Geschichten

Ich habe Biografien immer verschlungen, und dann habe ich mir angewöhnt, mein Herz damit zu füttern.

A ls ich ein Kind war, gab es sonntags bei uns zu Hause »Bücherstunde«. Nach dem Mittagessen durften wir drei Schwestern mit unserem Vater in das sogenannte Bücherzimmer gehen. Es war vollgestopft mit dicken Wälzern, Bildbänden, Romanen, Märchen, Gedichten, Antiquariat und Bestsellern. Wir fanden Hemingway und Hotzenplotz, Winnetou und Wintermärchen, Grimm und Goethe, Shakespeare und Schneewittchen, Nathan der Weise, Vom Winde verweht und Emil und die Detektive und lauter andere Sachen wie Vogelbestimmungsbücher, Reiseberichte, Theaterstücke, Lebensbilder, Ausstellungskataloge und Kochbücher. Sonntags durften wir alle drei je ein Buch, irgendeins, irgendwo aus dem Regal ziehen – sie erschienen mir damals an den drei Meter hohen Wänden sehr beeindruckend – und dann erzählte mein Vater die Geschichten der Bücher, die jede gewählt hatte. Nur ein paar Minuten lang gab er Einblicke, beschrieb vielleicht ein, zwei Szenen, kleine Momentaufnahmen, wie Fotos, die einen ersten Eindruck vermitteln. Er schaffte es, immer genau so lange zu sprechen, bis man neugierig geworden war und das Buch unbedingt lesen wollte.

Wenn ich an meine Geschichte mit Geschichten denke, dann zuallererst an Ronja Räubertochter, Momo und ganz besonders an Pippilotta Viktualia Rollgardina Pfefferminz Ephraimstochter Langstrumpf. Als ich älter wurde und später, als ich dann auch in anderen Bibliotheken stöberte, war ich irgendwann vor allem in der Ecke mit den Biografien zu finden. Die habe ich verschlungen und tue es bis heute. Die wahren Lebensgeschichten von großen Seelen oder kleinen Leuten. Von Heiligen und Friedensnobelpreisträgerinnen. Von Künstlern, Politikerinnen, Sozialarbeitern, Prophetinnen, Vätern, Businessleuten, Weisen. Menschen, deren Leben etwas verändert hat. Ich mag das Besondere an ihnen, aber noch mehr mag ich das Normale, das Menschliche. Weil wir mit jeder Biografie daran erinnert werden: ›Das kannst du auch!‹ Diese Geschichten haben mich herausgefordert und getröstet, mir keine Ruhe gelassen und mir Ruhe geschenkt, beides gleichzeitig.

Und dann hatte ich ein für mich ganz großartiges Erlebnis. Ich stellte fest: Ich kann mich tatsächlich in Geschichten wiederfinden! In einer anderen Welt, einer anderen Zeit, einer anderen Person. Wie geht das? Wie findet man sich denn in etwas wieder? War ich denn vorher schon da drin? Oder hatte ich mich selbst da hineingeschmuggelt? Und hatte ich mich denn überhaupt gesucht? Ich entdeckte: Hinter den einzelnen Geschichten von einzelnen Menschen, einzelnen Frauen, historischen Ereignissen gab es immer, gibt es eine größere Geschichte. Eine Erzählung, die weit älter ist und auch weit jünger, also weiter bis in die Zukunft reicht. Weil sie zwar ein ganz einzigartiges Beispiel erzählt, aber dabei nicht nur an einer Person hängt, an einer Epoche, an einem Moment, einer Erfindung, sondern so etwas wie eine Geschichte hinter der Geschichte ergibt. Eine Ur-Erfahrung. Eine tiefe Wahrheit. Einen großen Zusammenhang. Zeitlose Verwobenheit. Und in diese Erfahrung von Geschichte kann man sich einreihen — wie in eine Kette aus Perlen.

Ich habe Biografien gelesen und mir angewöhnt, mein Herz damit zu füttern. Ja, ich habe selten nur genascht, meistens habe ich sie verschlungen. Sie haben mir etwas zu beißen gegeben, zu kauen, manchmal waren sie schwer zu schlucken, zu verdauen, aber sie haben mich doch satt gemacht! Deshalb habe ich mehr Geschichten gesucht und gesammelt, habe mein Herz damit versorgt. Ich bin eine Geschichtenerzählerin geworden, weil ich diese Entdeckungen nicht für mich behalten konnte. Jede Story, die mich inspirierte, will ich mit anderen teilen. Diese einzelnen Erzählungen von Frieden und Liebe, von Widerstand. Von der Sehnsucht nach Gerechtigkeit. Von Kampf und Kraft, Brüchen, Lücken. Von Krisen. Und von Überwindung. Von Leichtigkeit, Vergebung, Neuanfang. Diese Geschichten von Menschen, die uns fragen, wovon denn unser eigenes Leben erzählt.

Heilige, Heldinnen, Helden. Wir brauchen sie.

Ich habe mich in Geschichten wiedergefunden und ich konnte von jeder einzelnen etwas lernen. Was bedeutet es, »von den Alten zu lernen«? Von früher, von Menschen aus anderen Epochen oder von heute, aus anderen Ländern, anderen Lebenssituationen? Ich glaube, jede Zeit weiß etwas davon, dass es großartige Menschen gibt, Vorbilder, die etwas mehr riskiert haben; die den richtigen Zeitpunkt erkannt haben und das Richtige taten; Heilige, Heldinnen, Helden. Menschen, die ihr Leben für etwas eingesetzt haben, das größer war als ihr eigenes Leben. Wir brauchen sie. Wir können sie befragen, woher ihre Kraft kam, was ihre Vision nährte. Wie es ihnen gelang, nicht einfach mitzumachen, sondern das Normale zu durchbrechen. Wie sie mit Scheitern, Angriffen, Abschied und Enttäuschungen umgegangen sind. Wie sie echte Erneuerung erlebten – auch in sich selber. Und bei vielen von diesen »Großen« könnte man sich auch danach erkundigen (eine meiner großen Fragen an sie), wie es ihnen gelang, ohne Gewalt auszukommen, wie sie es schafften, dass die Sanftmut immer attraktiver, letztendlich überzeugender für sie war.

Meine Großmütter & Co.

Von den Alten zu lernen bedeutet,
sich in eine Geschichte einzureihen.

Von den Alten – ich gebrauche das Wort ganz respektvoll –
meiner Sippe habe ich viel gelernt. Das Beten. Das Gottvertrauen. Dass jeder Mensch eine Perle ist und an sich immer
erst einmal Respekt verdient. Dass es schön ist, lesen zu können und ein Privileg, ein Buch kaufen zu können. Ja, lesen habe
ich gelernt. Und das Auswendiglernen. »Im Herzen sollst du
diese Worte für dich aufbewahren«, sagte meine blinde Großmutter mit ihrem ganzen Leben, »wie einen Schatz. Glaub mir,
das tut gut. Es können ja Zeiten kommen, in denen du nicht
mehr sehen kannst. Oder blind bist vor lauter Sorgen. Oder in
denen du sprachlos bist. Vielleicht aber willst du dich doch gerade dann an Gott wenden.« Ich habe mir das Durchhalten ab-
geguckt, Tapferkeit, Weiterhoffen. Den Rhythmus der Jahres-
zeiten zu schätzen, Pfirsiche nicht im Dezember zu kaufen und
sich auf Erdbeeren zu freuen; Feiertage und besondere Stunden
zu feiern. Ich habe mir Weisheit abgeschaut für den Umgang
mit Angst, mit Schuld, mit Verlust. Heute würde ich vor allem
sagen, ich habe gelernt, dass jeder Mensch Würde hat – ich
selber so wie jede und jeder andere auch. Und dass echte
Würde nicht durch Missachtung gemindert noch abgesprochen
werden kann.

Von den Alten zu lernen meint aber nicht etwa, einfach alles
zu tun, was sie sagen. Es bedeutet, aus der Vergangenheit zu
lernen, weil das für die Zukunft überlebenswichtig ist.

Manchmal haben die Alten ja auch einfach unrecht. Zum Beispiel wurde 1904 in Berlin eine statistische Erhebung durch-
geführt, die feststellte, dass die Stadt im Jahr 1954 in Pferdemist versunken sein würde, weil die Zahl der Pferdedroschken
so sehr zunähme. Aber es kam das Auto und in Pferdemist je-

denfalls wird Berlin ganz sicher nicht versinken. Ich höre auch noch manche alte Lady vorhersagen, die Kinder würden im Jahr 2000 alle keine schönen alten Namen wie Anna, Emma, Paul und Benjamin mehr haben, sondern alle Hanuta heißen, Barbie, Byte oder Ätt, geschrieben @. Auch das kam anders; es gibt wohl beides.

Wie auch immer, es geht gar nicht darum, ob die Alten recht behalten oder nicht. Geschichten werden eben nicht nur zur Unterhaltung erzählt, sondern immer auch zur Inspiration, dabei auch zur Warnung. Sie werden nicht erzählt, weil früher alles besser war, sondern weil früher vieles schlimm war, heute vieles schlimm ist und wir von denen lernen können, die es besser gemacht haben! Geschichten werden auch erzählt, damit wir dieselben Fehler nicht immer und immer wieder machen. Ja, ich brauche das Gespräch mit anderen, die vor mir waren, die älter sind als ich selber und mit denen, die anders sind als ich, zum Beispiel nicht weiß, nicht privilegiert, im Westen aufgewachsen, Menschen mit anderen Erfahrungen, anderen Berufen oder ohne Ausbildung. Ich brauche die Inspiration von Lehrerinnen und Lehrern, denen ich Autorität zuschreibe, ihre Erfahrung und Weisheit. Ich gucke mir etwas ab bei den Lebensentwürfen und Ideen, die andere vor mir überlegt und erprobt haben. Nie sind die Menschen nur mit sich selber ausgekommen. Meine Generation, die wie keine andere vorher einen schnellen Zugriff auf enorm viel Wissen hat, bleibt doch mit ihrem Leben und mit ihren Taten weit hinter ihrem Wissen zurück. Weil Wissen nicht dasselbe ist wie Weisheit. Und weil etwas zu sehen, das uns entsetzt, noch längst nicht bedeutet, dass wir auch etwas dagegen unternehmen.

Deshalb müssen wir unter anderem erinnert werden. Der 1. Dezember zum Beispiel ist für mich immer der Tag, an dem Rosa Parks im Bus auf ihrem Platz sitzen blieb. Heute wird an diesem Tag weltweit an das HI-Virus erinnert, damit wir aufstehen und nicht einfach zugucken, wie Aids einen ganzen Kontinent wie Afrika sterben lässt. Der 6. August zum Beispiel war für mich und ist noch immer der Tag, an dem wir uns an Hiroshima erinnern. Zum Glück gibt es jedes Jahr einen 6. August, auch wenn man Hiroshima vergessen hat. Wenn heute eine Weltmacht den atomaren Erstschlag zu einer echten Option erklärt, eine bisherige Militärdoktrin verändert und damit die Schwelle für den Einsatz von Atomwaffen senkt, ist das deshalb für mich nicht nur irritierend, sondern es erschüttert mich. Vielleicht bedeutet von den Alten zu lernen in unserer Zeit vor allem: etwas zu *ver*lernen. Nicht alle Möglichkeiten auszuschöpfen. Nicht alles Denkbare auszuprobieren. Gewohnheiten wieder abzulegen, schlechte Angewohnheiten, die normal geworden sind. Mit der Bibel gesprochen bedeutet lernen auch umkehren, die Sache noch einmal anders denken, neu oder noch einmal auf »alte« Weise, und Gewohnheiten, Sitten, Zeitgeist, Entwicklungen, Götzen und Feindbilder aus einer anderen Richtung anzusehen. Das meint nicht etwa, ewig gestrig zu sein oder rückwärtsgewandt, es meint auch nicht einfach nur, das Rad nicht immer wieder neu erfinden zu müssen, sondern von früher, von anderen und anderswo zu hören meint eben, nicht zu vergessen, sich erinnern zu lassen. Als ich lernte (oder »beigebracht bekam«), mich in eine Geschichte einzureihen, die älter ist als ich, hatte ich keine Ahnung, welche Kraft in diesem Prinzip verborgen ist. Heute ahne ich allmählich, wie viel Halt es uns geben kann, sich einzureihen in eine größere, ältere Geschichte von Idealen und Menschen, die sie lebten.

Auch die Tradition, Geburtstage und Namenstage zu feiern, und die Idee, Menschen selig- oder heiligzusprechen, weil sie sich besonders als Vorbild eignen, könnte so in unserer Zeit eine neue Bedeutung finden. Die Tradition der Namenstage entstand, als im Zuge der christlichen Mission mit der Taufe ein neuer Name verliehen wurde, ein sogenannter christlicher Name, der damit zu einem Kennzeichen wurde. Im Mittelalter wurde bei der Taufe, häufig nur ein paar Tage nach der Geburt, dem Kind gerne der Name des ›Heiligen des Tages‹ gegeben. Das Taufdatum wurde damit gleichzeitig Namenstag. Zur Unterhaltung eine kleine mittelalterliche Taufanweisung: »Der Pfarrer möge dafür sorgen, dass den Kindern keine anstößigen oder lächerlichen Namen gegeben werden oder gar solche, die den heidnischen Sagen entnommen wurden, oder solche von Götzen. Stattdessen sind, soweit irgend möglich, die Namen von Heiligen vorzuziehen.«

Ob einem diese Tradition vertraut oder fremd ist, ich meine, dass ein Mensch in jedem Fall etwas mit seinem Namen verbindet. Mit der Bedeutung des Namens werden oft Wünsche ausgedrückt. Und man verbindet sich mit berühmten Namensträgern, die heilig waren oder auch nicht. Der Namenstag könnte uns bewusst machen: Da gibt es also jemanden mit meinem Namen, der oder die so gelebt hat, dass man sich gerne an ihn oder sie erinnern wollte. Ein Mensch, der etwas getan hat oder gesagt oder erlebt, das nachahmenswert ist, etwas, das überliefert werden soll. Die sogenannten Heiligen können so als Inspiration dienen. In einer Zeit, in der wir alle zu Nummern werden, zu einer Mischung aus Statistik und Passwort, ist Sich-beim-Namen-Nennen etwas zutiefst Menschliches. Unser Name meint uns. Spricht uns an. Erzählt eben immer auch eine Geschichte und immer eine größere, weitere, andere Geschichte als nur unsere eigene. Biografien sind solche Namensgeschichten, sie zu lesen ist eine Anregung, einen Menschen zu entdecken, seine Dynamik, die Kraft seines Mutes, die Fähigkeit, anders zu sein, unbequem, neugierig. Ist auch eine Anregung, das Selige und das Heilige in Menschen zu entdecken.

Die Alten, von denen wir lernen, meint nicht nur die eigenen Vorfahrinnen und Vorfahren. Eigentlich, sagen meine Schwestern und ich, eigentlich hatten wir immer schon viele Großmütter, mindestens fünf: die zwei echten und neben diesen beiden großartigen alten Damen gab es noch ein paar ältere Damen aus unserem Dorf, die einen Eindruck auf uns machten, der auch über die Jahre blieb. Allen voran Fräulein Lützenbürger, stolz und sehr bedacht darauf, Fräulein genannt zu werden. Würde-

volle liebenswerte Damen, die manche Not überlebt und ge-
meistert hatten. Und dann gibt es außerdem Mutter Teresa,
diese alte Nonne, die, solange sie lebte – und jetzt immer
noch –, eine Art große Mutter für mich war, einfach weil mich
ihr Beispiel inspiriert. Ihre Biografie zu lesen hat mich mehr
schlaflose Nächte gekostet, mich mehr beunruhigt, als ein
Krimi es je könnte.

Ich hatte also als Kind mindestens fünf Großmütter. Jesus
sagt einmal einen erstaunlichen Satz über das Thema Familie.
»Wer auch das will, was Gott will, der ist meine Familie.« Das
ist provozierend, weil es unsere Grenzen von Kleinfamilie vollkommen sprengt. Das ist einladend, öffnend, weil es bedeutet,
dass ich zu einer viel größeren Familie gehöre, als ich sie jemals
selber um mich sammeln und mir schaffen könnte. In einer
Zeit, in der um den Zusammenhalt von Familien gekämpft werden muss und dieser Kampf oft verloren wird, fühle ich mich als
Christin dazu aufgefordert, familiäre Räume zu schaffen, in denen Kinder und Erwachsene neu erleben können, was ein Zuhause bedeutet. Ich habe also viele Großmütter, viele Mütter,
Väter, Schwestern und Brüder, ich habe Patenkinder und andere Kinder, die mich brauchen als Tante oder große Schwester,
Freundinnen und Seelenverwandte. Und viele von ihnen habe
ich beim Lesen entdeckt, und sie gehören zu meinem Leben
dazu, ihre Geschichte hat sich mit meiner verbunden. Die meisten kenne ich gar nicht persönlich, aber darauf kommt es nicht
an – Inspiration gelingt auch über die Entfernung von Jahrhunderten hinweg, der Geist Gottes wirkt ohne Grenzen.

Hier kommt nun eine Auswahl an Erzählungen, Einblicken,
Aha-Momenten, Daten, Auszeichnungen, Fakten, Gedichten,
Legenden und Zitaten. Ein paar Einblicke in Frauenbiografien,
kurze und ein paar längere. Zweiundfünfzig, für jede Woche
eine, wenn Sie so mögen. Über einige wenige von ihnen gibt
es sehr viele Bücher (wie z.B. über Mutter Teresa), über eine
ganze Reihe von ihnen gibt es ein paar Bücher, über andere
wiederum keine oder wenigstens (noch) keine deutschen Bü-

cher. Ihrem Mann geht es anders – ebenso Martin Luther King, Dietrich Bonhoeffer, Franziskus, Alfred Nobel, Martin Luther, Mahatma Gandhi, John Mott, die mich auch sehr begeistern, werden in vielen anderen Büchern erwähnt.

Es ist eine andere Auswahl, die am Rande meiner Vorträge manchmal zu Irritationen führt. Warum ich so viel über »Ausländerinnen« spreche statt über deutsche Vorbilder, bin ich ein paar Mal gefragt worden. Ob es etwa keine gebe, ob ich keine kenne oder sie nicht möge? Mich haben diese Fragen immer sehr irritiert, wohl auch etwas verletzt, wenn ich ehrlich bin. Wenn man sich als Mitglied von Familie Mensch versteht, macht diese Einteilung so wenig Sinn. Ich werde Ihnen Frauen aus der ganzen Welt vorstellen, einige Inderinnen und eine ganze Reihe schwarzer Frauen, das liegt an meiner eigenen Biografie. Es stimmt, ich fühle mich mancher Inderin tatsächlich näher als mancher Deutschen, aber von Afrika, Indien und Amerika zu lernen, niederländische Filme zu mögen, englische Lieder und italienisches Essen bedeutet nicht, ungern Deutsche zu sein, keine Deutschen zu kennen, zu mögen oder sie nicht als vorbildlich zu empfinden. Sie werden also selbstverständlich auch einige deutsche Frauen finden in dieser bunten Mischung.

Warum nur Frauen, warum so viele Ausländerinnen – manchmal kommt noch eine dritte Frage auf: Sollte eine Christin nicht besser nur über Christinnen sprechen und schreiben? Viele der hier erwähnten Frauen sind Christinnen. Manchmal ist es auch komplizierter: Arundhati Roy zum Beispiel hat einen Vater, der Hindu ist, und eine Mutter, die Christin ist, und beides prägt sie. Ich möchte von Menschen lernen, ohne sie zu vereinnahmen; es gibt keinen Menschen, von dem ich von vornherein ausschließen kann zu lernen. Ich selber bin Christin, gebe mich als solche zu erkennen und stelle das, was ich glaube, damit auch immer wieder zur Debatte. Als Christin reflektiere ich, was ich bei anderen beobachte, und lerne dabei längst nicht nur von Menschen, die meinen Glauben teilen.

Diese Auswahl zeigt also am Ende auch sehr viel von mir selber, sie ist die biografische Zusammenstellung meiner Lieblingsgeschichten, -filme, -bilder, -länder, -vorbilder.

Aber vielleicht stellen Sie sich beim Lesen zwischendurch einmal vor, jemand würde eine Biografie über *Sie* schreiben, und bringen so die Geschichten mit Ihrer eigenen Lebensgeschichte ins Gespräch. Was würden Sie gerne weitererzählen, weitergeben? Und welchen Titel, welche Überschrift würden Sie Ihrer Lebensgeschichte geben? Welche »Biografie«, welchen Menschen (lebend oder schon verstorben) würden Sie gerne einmal treffen? Und was wäre Ihre vordringlichste Frage an diesen Menschen?

Aber jetzt erst einmal: Viel Spaß beim Lesen. Und dann: Viel Segen fürs Weiterschreiben der Geschichten mit dem eigenen Leben!

Sojourner Truth und die Freiheit, einen Namen zu haben

»And ain't I a woman? Und bin ich etwa keine Frau?«
(Sojourner Truth)

Isabella Baumfree wird 1797 in der Nähe von New York geboren. Ihre Eltern sind Sklaven, und mit elf Jahren wird das junge Mädchen ebenfalls als Sklavin verkauft, ja, wird wieder und wieder verkauft und später von einem ihrer Besitzer mit einem weit älteren Sklaven verheiratet. Isabella arbeitet als Hausmädchen, sie kann nicht lesen und nicht schreiben, wozu auch? Sie muss nur den Müll rausbringen, Gemüse putzen, aufräumen, den Boden wienern, die Fenster putzen, streifenfrei. Sie muss Essen kochen, servieren tut es jemand anders, essen tut es jemand anders. Sie muss die Kinder des Hauses, der Herrschaften hüten. Ihre eigenen Kinder werden geboren, um verkauft zu werden – man guckt ihnen in den Mund, drückt ihnen auf den Bauch, boxt auf ihre Oberarme, bevor man einen Preis aushandelt und sie weggibt. Bei vieren von fünfen muss sie das erleben, nur ihr letztes Baby kann sie vor diesem Schicksal retten. Ihr Leben ist Erniedrigung, Abschied und dumpfer Schmerz. Außerdem, als würde das alles noch nicht reichen, wird sie oft geschlagen und misshandelt von ihrem Besitzer. Als in New York die Sklaverei offiziell abgeschafft wird, verspricht er ihr, sie bald freizulassen. Als er sein Versprechen dann aber nicht hält, läuft Isabella eines Tages weg. Sie flieht in die Ungewissheit, ihr jüngstes Kind im Arm, schutzlos und ohne Ziel. Für sie aber bedeutet ihr neues Leben nur eins: Freiheit! Isabella arbeitet ab jetzt als Putzfrau, vorzugsweise in Kirchen. Als sie Mitte vierzig ist, hat sie ein Erlebnis, das ihr Leben noch einmal tief gehend verändern soll.

Stellen Sie sich vor: Etwa hundert Menschen feiern Gottesdienst, singen, beten, klatschen, gucken aus dem Fenster, hören
die Predigt. Hundert, die Sonntag feiern, Auferweckung, Überwindung, Neuanfang. Und der Prediger spricht über den Aus-
zug des Sklavenvolkes Israel aus Ägypten, über Geschichte und
Befreiung. Hundert hören das und stimmen innerlich zu. Und
eine ist Isabella Baumfree und sie sagt in einem plötzlichen
Aha-Erlebnis: »Dann bin ich frei! Wenn Gott die Sklaverei nicht
erfunden hat, sondern aus Sklaverei befreit, dann bin ich frei.
Und die anderen können mich nicht länger für dumm verkaufen, ich gehöre ihnen ja gar nicht!« Es muss eine umwerfende
Erfahrung für die mittlerweile reife Frau gewesen sein, die ihr
Würde gab und sie heilte von alten Bildern, die sie in Begeiste-
rung für die Freiheit in Gott versetzte und mit Güte beseelte,
Kraft und Ausstrahlung.

Isabella lässt sich taufen und nimmt den schönen Namen
Sojourner Truth an, ein Name, der ihr weiteres Leben beschreiben soll: »Unterwegs für die Wahrheit.« Sie wird eine
Evangelistin, Frau mit guter Nachricht, bedeutende Sprecherin, Wegbereiterin für die Gleichberechtigung in »Familie
Mensch«. Sojourner Truth singt Gospels, erzählt Geschichten,
reist durch die USA, engagiert sich für die Freiheit der Schwarzen, die Freiheit der Frauen. Immer wieder berichtet sie dabei
von ihrem Leben als Sklavin und von der bedeutenden Veränderung, die sie erlebt hat.

Dabei merkt sie bald, dass schwarze Männer, die eben noch
Seite an Seite mit ihr gegen Sklaverei und Rassismus gekämpft
haben, jetzt die Freiheiten der Frauen einzuschränken beginnen. Sojourner entlarvt sie und zeigt, dass ihre Argumente denen der Rassisten erschreckend ähnlich sind. Sie provoziert
und predigt und weicht den Diskussionen nicht aus. Wann immer irgendeine Form der Unterdrückung mit der Bibel begrün-
det wird, Rassismus sowie Sexismus, argumentiert sie mit
Würde und Gottesebenbildlichkeit. Bei einer der Veranstaltun-
gen, zu der sie als Sprecherin eingeladen ist und bei der sie

diese Entwicklung deutlich zu spüren bekommt, sagte sie in ihrer Rede den Satz, der zu ihrem bekanntesten Zitat werden sollte. »And ain't I a woman? Und bin ich etwa keine Frau?«

Mit ihrer wohltönenden Stimme beginnt sie aufzuzählen, dass sie ebenso hart arbeiten musste wie ein Mann, ebenso viel essen konnte, wenn es denn Essen gab, die Felder ebenso schnell pflügte und ebenso stark war. Dabei lässt sie vor den Augen ihres begeisterten Publikums die Muskeln ihres Oberarms spielen. Und fragt: »Und bin ich etwa keine Frau?« Um dann hinzuzusetzen, dass sie außerdem Kinder geboren hat, die in die Sklaverei verkauft wurden. »Und wenn ich weinte, die Tränen einer Mutter, hat mich niemand gehört außer Jesus.« Das Publikum hört aufmerksam zu, und viele Blicke folgen ihr, als sie in Richtung einer Reihe von Pastoren zeigt und unerschrocken fragt: »Warum sollten Frauen weniger Rechte haben als Männer? Weil Christus keine Frau war?« Mit ausgebreiteten Armen steht sie da und ruft: »Woher kam Christus?« Sie ist so waghalsig und wiederholt ihre Frage: »Woher kam Christus?« Und dann gibt sie ihre Antwort: »Christus kam von Gott. Und er wurde von einer Frau geboren. Und Männer hatten damit nichts zu tun.« Sojourner Truth bekommt an diesem Tag und an weiteren Ärger und Applaus.

Die Evangelistin Sojourner Truth ist früh eins meiner großen Vorbilder geworden. Das hat sicher auch damit zu tun, dass es eine alte schwarze Frau war, die mir so überzeugend von ihrem Vertrauen auf Gott erzählt hat, dass ich mitten in einem afrikanischen Getto plötzlich wusste: Diese Spur des Glaubens muss ich dringend weiterverfolgen. Neugierig, suchend, tapfer bin ich Schritt für Schritt weitergegangen, habe Erfahrungen gesammelt, eigene Geschichte unterwegs erlebt in diesem für Frauen immer noch eher ungewöhnlichen Beruf von »Sojourner Truth«, unterwegs mit dem Evangelium, jedes Mal überglücklich, wenn ich erleben durfte, wie menschliche Geschichten sich mit der göttlichen Liebesgeschichte von Würde und Freiheit verbinden.

Alice Walker und die Farbe Lila

Du kannst wirklich keine gute Künstlerin sein, wenn du nicht sagen kannst, was du fühlst. Und manche Leute mögen sich angegriffen fühlen, aber es ist eben das, was du empfindest, und es ist dein gutes Recht, das auszudrücken, ja, es ist auch deine Gabe. (Alice Walker)

Die Gestalten der Romane von Alice Walker und die Gedanken ihrer Essays und Gedichte haben mich schon oft beschenkt: Celie und Shug und Zora, diese schwesterlichen Schwestern, diese beeindruckenden Menschen. Ihr Zorn über die Erniedrigung, die sie erleben, und die Energie, die ihnen aus Geist und Freundschaft zuströmt, bezaubern mich. Ich hörte in diesen Geschichten die Erlaubnis, meine Wut äußern zu dürfen, Worte zu finden für diese brennende Ohnmacht, die ich empfinden kann angesichts der Verhältnisse und des Verhaltens in dieser Welt.

Aber nicht nur die Erzählungen, auch die Autorin selbst inspiriert mich wie kaum eine andere. Die schwarze US-Amerikanerin, Jahrgang 1944, Autorin zum Beispiel des Bestsellers »Die Farbe Lila« — lila, diese besondere, sprechende Farbe, eine spirituelle und eine Frauenfarbe —, ist vielfach ausgezeichnet worden für ihre Bücher. Sie wurde in viele Sprachen übersetzt, kritisiert und verehrt. Sie ist eine Grenzgängerin, weibliche, schwarze, lilafarbene Stimme, Klassenbeste, sie ist Mutter einer Tochter, die inzwischen selber Aktivistin und Autorin ist. Gemeinsam mit ihrem Mann, einem jüdischen Anwalt, wurde sie zum ersten sogenannten »gemischtrassigen« Paar im US-Bundesstaat Mississippi. Sie hat die berühmte »I-have-a-dream«-Rede von Martin Luther King live gehört und live umgesetzt. Bei ihr verbinden sich ein wacher Sinn für Gerechtigkeit, afrikanische Ur-Erinnerungen, frecher Mut, Menschenkenntnis mit einer tiefen spirituellen Weisheit, die von Zusam-

menhängen weiß, die über einzelne Schicksale weit hinausrei-
chen bis tief in die eigene Identität, die eigene Mitte, den »Tempel des eigenen Herzens«. Die Stärke der schwarzen Frauen,
ihre afrikanische und afroamerikanische Geschichte zu bewah-
ren, zu durchleuchten und weiterzugeben, wirkt ansteckend
und fordert dazu auf, sich auf die Suche nach den eigenen Ur-
sprüngen, dem eigenen Erbe zu machen. Ich sehe darin eine
Einladung, sich wie die 57-jährige Schriftstellerin Kate Talking-
tree, Protagonistin eines weiteren Romans, auf die eigene Reise
zu begeben, eine äußere und innere, spirituelle Pilgerreise,
denn »Jetzt ist die Zeit gekommen, das Herz zu öffnen«, wie
der Titel sagt.

Alice Walkers eigene Lebensgeschichte war auch geprägt von
einem Unfall, bei dem sie sich ein Auge schwer verletzte: Sie
lebte fortan in Sorge um ihr Augenlicht, ertrug den Spott der
Mitschüler, zog sich in ihre eigene Welt zurück, doch ihre Persönlichkeit reifte dabei. Sie hatte die Größe, über ihre eigene
schmerzhafte Einschränkung hinauszusehen und andere
Schranken zu benennen und zu überwinden. Ihre Themen
machten Alice Walker immer auch zu einer Aktivistin; sie engagierte sich für die Aufhebung der Rassentrennung, in der amerikanischen Bürgerrechtsbewegung und gegen das System der
Apartheid in Südafrika. Ich bewundere ihren Scharfsinn, ihre
Leidenschaft und Ausdauer auf einem Weg, der manchmal
lang ist und auf dem man Niederlagen verkraften muss. Für
»Die Farbe Lila« bekam Alice Walker als erste afroamerikanische Autorin den begehrten Pulitzer-Preis verliehen. Die Ver-
filmung von Steven Spielberg wurde für elf Oscars nominiert,
erhielt aber am Ende keinen einzigen. Das wäre wohl nicht so
schlimm gewesen; Enttäuschung machte sich breit, weil stattdessen »Jenseits von Afrika« sieben Oscars bekam, ein impo-
santer Film, der sich aber eben ganz auf die Lebensdramen der
weißen Kolonialherrschaften konzentriert.

Ein Buch über die erbarmungslose Praxis der Genitalver-
stümmelung, wie sie in einigen Ländern Afrikas immer noch

an vielen Mädchen vorgenommen wird, weckte in der Öffentlichkeit große Aufmerksamkeit für dieses Thema. Für Aufruhr sorgte erst vor einiger Zeit die Nachricht, dass Alice Walker bei einer Demonstration gegen den Irakkrieg gemeinsam mit anderen Frauen von der Polizei verhaftet wurde.

Besonders nachhaltig geprägt hat mich Alice Walkers Achtung vor den eigenen Vorfahrinnen und ihrem Erbe. Sie hat mich auf die Suche nach den »verlorenen Gärten *meiner* Mütter« gebracht. Ich habe dabei den Geruch von Erd- und Himbeeren wiederentdeckt, der mich noch heute unmittelbar in den kleinen Obst- und Gemüsegarten meiner blinden Großmutter beamt, eine Idylle, die meiner Seele wohltut, verbunden mit Erinnerungen, die von Seelenstärke, Widerstand und trotziger Lebensfreude sprechen.

»Unsere Großmütter und Mütter waren Künstlerinnen. Sie waren Schöpferinnen. Sie bewegten sich zu einer Musik, die nicht geschrieben war. Und sie warteten. Sie warteten auf den Tag, an dem das Unbekannte, das in ihnen war, ans Licht kommen würde. Was hieß es zur Zeit unserer Urgroßmütter für eine schwarze Frau, Künstlerin zu sein? Das ist eine Frage, auf die die Antwort so grausam ist, dass es einem fast das Blut gefrieren lässt. Hattest du eine Urgroßmutter, die unter der Peitsche irgendeines dummen und verdorbenen Aufsehers starb? Oder sollte sie für einen faulen, hinterwäldlerischen Tölpel Plätzchen backen, wenn ihre Seele doch danach schrie, Aquarelle von Sonnenuntergängen zu malen oder von dem Regen, der auf die grünen und friedlichen Weiden herabfiel? Oder wurde ihr Körper gezwungen, Kinder zu tragen, acht, zehn, fünfzehn Kinder für die Sklaverei, wenn es ihre einzige Freude war, die Heldenfiguren der Rebellionszeit in Ton zu modellieren? Wie war die Zeit, als es keine Freiheit gab zu malen, zu schreiben, Skulpturen zu formen? Bedenkt nur, welche Folgen es möglicherweise gehabt hätte, wäre auch das Singen verboten gewesen! Aber die Geschichte unserer Großmütter ging weiter. Wir selbst sind hier. Und wir

*müssen die lebendige Kreativität, die einige unserer Urgroßmüt-
ter nicht kennen durften, aus uns herausholen und sie uns ansehen und dem Leben schenken.«* [1]

Wir müssen alle lernen, dass wir mit unserer Geschichte nie
alleine dastehen. Wir sind verwoben mit anderen, ja mit *allen*
anderen. Mit den Generationen vor und nach uns. Mit der Nation, deren Pass wir bei uns tragen. Mit der Erde, über die wir
gehen und mit der Luft, die wir atmen. Mit der Kleidung, die
wir tragen, und dem Brot, das wir essen. Mit der Kultur, die uns
prägt, und auch mit den Kulturen, die uns fremd sind. Mit dem,
was nah ist, und dem, was fern ist. Mit der Zeit, in der wir
leben, und der Zeit, die uns noch bleibt. Mit der Stadt, dem
Ort, in dem wir ein Zuhause haben, mit dem Platz, den wir
einnehmen in der weltweiten Kirche. Mit Familie Mensch auf
allen Kontinenten und Inseln. Mit denen, die vor uns waren,
und denen, die nach uns kommen. Ob wir sie kennen oder
nicht, lieben oder nicht. Ob wir von ihnen lernen wollen oder
lieber *ver*lernen, was sie uns beigebracht haben. Verbunden
sind wir, und wenn wir das entdecken, atmen wir die Geschichte anders.

---

1   Aus: Alice Walker: Auf der Suche nach den Gärten unserer Mütter.
Beim Schreiben der Farbe Lila. Essays. München 1987.

14 000 Textilarbeiterinnen und Brot und Rosen

It is bread we fight for, but for roses, too. (Plakataufschrift)

Ein Chor aus Frauen. Hohe, tiefere, müde, wütende, verzweifelte Stimmen. Keine schreit für sich, sondern sie singen gemeinsam. 14 000 Textilarbeiterinnen in den USA. Sie streiken. Dieser Streik im Jahr 1912, in dem Frauen besonders entschieden für ihre Interessen kämpften, gegen die Hungerlöhne und gegen Kinderarbeit, wurde auch durch eine Reihe Lieder berühmt, die sie auf ihren Demonstrationen, vor den Werkstoren und in der Stadt sangen. »Brot und Rosen« hieß es auf einem Plakat und das wurde das Motto der amerikanischen und internationalen Frauenbewegung. Ja, sagten die Frauen, wir kämpfen um unser Brot und um unser Leben, aber nur mit dem nackten Leben davonzukommen, ist einfach nicht genug. Wir kämpfen auch um Rosen, weil wir das dringend brauchen: blühen können und mit Dornen widerstehen. Wir brauchen auch Glück und Schönheit.

In Südafrika wohnte ich bei einer schwarzen Familie in einem Township. Die beiden wichtigsten Merkmale dieser Gegend waren, dass es nicht gut roch und dass jede Farbe fehlte. Alles war grau, staubig, es gab kein Grün, kaum Bäume, erst recht keine Gärten. Nur hin und wieder, wenn es geregnet hatte – und Regen war jedes Mal eine Mischung aus Chaos und Party, man musste dafür sorgen, dass die kleinsten Hütten nicht wegschwammen, und gleichzeitig tanzten alle –, da wusste man schon: Morgen früh sieht es hier anders aus. Am Morgen nach dem Regen blühte an den Straßenrändern, in den Gräben, alle Wege entlang eine Unkrautblume mit pink-lila-rosafarbener knalliger Blüte, die die Einwohner des Townships »lily«, Lilie nannten. Als ich es zum ersten Mal erlebte, musste ich weinen. Die Blumen tauchten das ganze Township in Farbe. Ein Blumenfeld aus blassvioletten Blumen wie am Anfang des Films, mit dem Steven Spielberg »Die Farbe Lila« wirkungsvoll und stimmig in bewegte Bilder bringt. Und am Sonntag sang die kleine Gemeinde mehrstimmig, trotzig und hingebungsvoll: »Jesus, you are fairer, much fairer than the lilies that grow by the way. – Jesus, du bist noch schöner als die Lilien am Straßenrand.« Am Morgen nach dem Regen.

Brauchen die Armen denn Blumen? Brauchen sie nicht zuallererst Brot? Ich meine, wir wissen eigentlich, dass jeder Mensch beides braucht: Arbeit und Spiel. Gerechtigkeit und Genießen. Tische und Bänke und Schaukelstühle und Betten. Wahrheit und Schönheit. Alltag und Sonntag. Fleiß und Freizeit. Beständigkeit und Abwechslung. Wir sind nicht nur eine Nummer, wir haben einen Namen. Menschen sind nie nur eine Statistik, sondern haben Familie, Geburtstag, Geschichte, Würde. Mehr als die Nummer ist der Name. Und mehr als das Brot ist die Blume. Mehr als das Nötigste ist die Gnade.

Die Bibel und die Frauen

Diese heilige Erzählerin darf ihre Geschichten auch gegen meine Erfahrungen behaupten.

Die Bibel ist für mich eine ganz große Trösterin, Lehrerin und Geschichtenerzählerin. Sie hat in meinem Leben Mitspracherecht, weil sie, weit älter als wir, Dinge zu erzählen weiß, von denen wir nur höchstens eine Ahnung haben. Sie erzählt nachdrücklich von Auferweckung, wo unsere Erfahrung nur bis zum Tod reicht, mahnt eindringlich zum Frieden, wo wir schnell denken, es gäbe zum Krieg keine Alternative, und wirbt ausdauernd um die Liebe, wo wir denken, es reichte, wenn wir uns Mühe geben. Sie ist originell, manchmal fremd, aber ich will, kann nicht ohne sie. Für mich ist sie die größte Inspirationsquelle! Sie darf mich unterbrechen und mir ihre Sicht der Dinge sagen. Diese heilige Erzählerin darf ihre Geschichten auch gegen meine Erfahrungen behaupten.

Sie erzählt von Müttern des Glaubens. Sara, Rebekka, Lea und Rahel, die zusammen mit Abraham, Isaak und Jakob die Erzeltern Israels sind. Selbst sie oder gerade auch sie erleben, was das Leben von Frauen schwer machen kann: Kinderlosigkeit und damit Verachtung und der persönliche Schmerz über einen leeren Schoß. Sie erleben Konkurrenz um die Liebe ihres Mannes und bitteren Neid. Aber auch das andere: Solidarität, Erfüllung und Glück. Und am Ende stehen ihre Namen fest im Buch wie Gottes Treue.

Mütter des Glaubens — das sind auch Eva, die Mutter aller Lebendigen, und Maria, die Mutter Jesu. Oft gegeneinander ausgespielt — die eine nackt und verführerisch, die andere rein und unbefleckt. Die eine Rippe, die andere im blauen Kleid, edel, blass und dünn. Und erst wenn wir genauer hinsehen, können wir sie wirklich entdecken. Eva, ein Mensch mit Kopf und Herz und Stimme, Frau, Gegenüber und Partnerin, Mutter und Großmutter und Urmutter und noch viel mehr, denn »Gott schuf das Menschenkind sich zum Bilde, als göttliches Bild wurden sie geschaffen als Mann und Frau, männlich und weiblich« (Genesis/1. Mose, Kapitel 1, Vers 27, Übersetzung der Autorin). Und Maria, die Mutter Jesu, die jung und tapfer ein Kind zur Welt bringt, umgeben von Gerede, auf der Flucht und in Angst. Maria, die erlebt, wie ihr Kind berühmt wird, in die Enge getrieben, gefoltert wird. Maria, die prophetisch singt, an sich selbst und mit ihrem Kind erlebt: »Gott erhebt die Niedrigen!«

Zu den großen Vorbildern gehören auch die Hebammen Schifra und Pua, die ohne Angst vor dem Pharao, der die Neugeborenen töten lassen will, wirklich ihrer Berufung treu bleiben und dem Leben zur Welt helfen.

Da ist die mutige und schöne Esther, die ihr Volk vor einem Pogrom rettet. Da ist die Richterin Debora, die Rat weiß, als alle verzweifelt sind; Hulda, die Prophetin, die den König ermahnt, seine Richtung zu ändern; Hagar, die Gott einen tröstlichen starken Namen gibt. Sie sagt: »Du bist ›Der Lebendige, der mich sieht‹.«

Die kritische Miriam wird auch Prophetin genannt, bringt alle zum Singen und stellt Mose unbequeme Fragen. Hanna bittet um ein Kind; als ihre Bitte erhört wird, merkt sie, dass man Kinder nicht besitzen kann, weil sie — ob wir sie die eigenen nennen oder nicht — immer nur geliehen, anvertraut sind.

Frauen des Glaubens: Dazu gehören auch vergessene und vergessen gemachte Geschichten wie Dinas Vergewaltigung und Tamars Missbrauch. Die Bibel verschweigt diese Geschichten erstaunlicherweise nicht. Da ist die Tochter von Jeftah, die auf einem Altar geopfert wird und zu deren Rettung, anders als bei Isaak, kein Engel kommt. Da sind die fünf starken Schwestern, die unüblicherweise Land erben wollen und die, nach einer Rücksprache Moses mit Gott, tatsächlich Recht bekommen und damit Landbesitzerinnen werden. Eine von ihnen hatte übrigens den verheißungsvollen, süßen Namen Milka.

Auch zwielichtige Gestalten gehören dazu wie die Hure Rahab, die badende Batseba und natürlich die schillernde, berühmte Maria Magdalena, die nach Christus und bis heute die Fantasie vieler beunruhigt. Man zuckt zusammen, wenn man hört, wer da als Beschützerin eingreift, Königin wird oder sogar Zeugin der Auferweckung: Rahab und Maria sind Prostituierte, und Batseba ist die Frau, mit der David, der größte König Israels, die Ehe bricht; diese Frauen haben nicht die glatten Biografien, die man von Glaubensheldinnen erwartet.

Maria Magdalena? Hört sich das nicht an wie Magd? Aber damit hat es nichts zu tun, Magdala ist einfach ein Ortsname. Magd hat Jesus sie nie genannt, sondern immer »Maria!«. Er muss eine besondere Art gehabt haben, ihren Namen zu nennen, sie erkannte seine Stimme, seine Aussprache sofort. Sie war keine Magd, sondern eine Freundin, eine Schwester, eine Seelenverwandte. Er war ihr Freund, ihr Bräutigam, ihre Rettung, ihr Schatz, der Liebhaber ihrer Seele, der Wichtigste, er hatte sie gesund gemacht und ihre Würde wiederhergestellt, sie in Schutz genommen. Sie war keine Magd, aber ja, ihn nannte man Herr. Herr über die Herren, über alle Herrschaften und Herrschaftsansprüche. So wurde sie in seiner Gegenwart wahrhaftig frei.

Priscilla gehört ebenfalls dazu, die engagierte Missionarin, und Lydia, die Geschäftsfrau mit dem offenen Haus; Phöbe, die eifrige Hauskreisleiterin, und Martha, ohne die wir wohl vergessen würden zu essen. Dazu kommt so manche, die viel zu oft nur als schlechtes Beispiel dienen musste wie Frau Salzsäule Lot und Michal, Davids erste Frau, der es auch nicht besser geht. Dazu die mächtige Königin von Saba.

Große Vorbilder sind auch die Witwe von Zarpat, die sich vom Propheten erweichen lässt, ihr Resteessen mit ihm zu teilen, und die Frau aus Syrophönizien, die umgekehrt so lange quengelt, bis Jesus ihr endlich doch noch hilft. Da sind die Witwe mit dem Groschen, die sterbenskranke Tochter von Jaïrus und die Schwiegermutter des Petrus. Viele Namenlose;

manche mit komischen Namen wie Abigail, deren Mann den Namen Nabal hatte, was Dummkopf heißt; und Frauen mit wunderschönen Namen wie die Töchter Hiobs Jemima, Kezia und Keren-Happuch, was so viel bedeutet wie Täubchen, Zimtblüte und Schminktöpfchen.

Frauen, Schwestern, Töchter, Menschen. Die Bibel verbindet mit ihnen, was oft so gar nicht zusammenpassen will, raue Realität und sanfte Kraft. Unerfüllte Wünsche und Liebe, die am Ende siegt. Sorge um die Zukunft, um die Kinder, und die Freiheit und den Mut, aufzustehen, einzugreifen und zu handeln. Selbstvertrauen und Gottvertrauen. Ich habe erlebt, wie sich meine Lebensgeschichte mit den Erzählungen der Bibel verbindet. Nie so, als sei ich selbst ein unbeschriebenes Blatt, dem ein Text einfach diktiert werden könnte, sondern wie ein Dialog, ein gegenseitiges Befragen und Kennenlernen.[2]

---

2 Zum Weiterlesen z.B.: Ernst Modersohn: Die Frauen der Bibel. Holzgerlingen 2006.

Beginen und ihre Beginenhöfe

Wir brauchen Orte, an denen unsere Seele ein Dach findet und eine offene Tür gleichermaßen.

Wenn ich merke, dass ich zu unruhig, müde und dünnhäutig werde, fliehe ich und gönne mir Abstand und Pause. Die Oase für meine Seele ist, mittlerweile seit Jahren, ein altes Beginenhaus in Belgien. Die Beginen waren eine Bewegung gläubiger Frauen, wirtschaftlich unabhängig und sozial engagiert. In der Blütezeit im 12. und 13. Jahrhundert gehörten ihr etwa eine Million Frauen in Europa an. Sie lebten in freiwilliger Armut und Keuschheit nach eigenen Regeln zusammen, ohne aber lebenslängliche Gelübde abzulegen und unabhängig vom Papst und kirchlichen Hierarchien.

In Deutschland findet man den Rhein entlang ihre Spuren, in Flandern hat die UNESCO dreizehn Beginenhöfe zum Weltkulturerbe erhoben. Viele der Beginenhäuser sind inzwischen restauriert worden und zeigen von Neuem ihre ursprüngliche Pracht. Damit werden aber nicht nur wunderschön erhaltene idyllische Gemäuer geehrt, sondern auch die Beginen selbst. Ja, die alten Häuser werden nicht nur inzwischen wieder als Gästehäuser, Museen oder Cafés genutzt, sondern die Tradition dieser freien und gastfreien Frauen wird wiederentdeckt als Lebensentwurf für Frauen von heute.

Die Mischung aus Schutz und Freiheit fasziniert. Hinter den hohen Mauern fanden Frauen eine zuverlässige Gemeinschaft, eine lebendige Spiritualität und wirtschaftliche Unabhängigkeit, die Möglichkeit, zum Beispiel mit Weberei, Bäckerei und dem Klöppeln von Spitze eigenes Geld zu verdienen. Sie reagierten außerdem auf das, was in ihren Städten nottat, kümmerten sich um kranke, ältere und bedürftige Menschen, unterhielten Armenspeisungen und gaben Schulunterricht. Anders als

Nonnen konnten sie diesen Lebensstil für eine Zeit lang wählen und die Gemeinschaft jederzeit auch wieder verlassen.

Es sind mit Sicherheit auch das Kopfsteinpflaster, die Grachten, die kleinen und stattlichen alten Häuser in Flandern, die das Gefühl von Geborgenheit und Idylle vermitteln. Ich habe immer den Eindruck, in die Vergangenheit einzutauchen, wenn ich hier bin. In der Innenstadt von Gent gab es im 13. Jahrhundert zwei Beginenhöfe, in denen 1300 Beginen lebten, so erfolgreich war die Idee. Gräfin Margaretha von Konstantinopel ist es zu verdanken, dass sogar noch ein dritter Hof hinzukam, mein heutiger »Lieblings-Beginen-Hof«, ein Schmuckstück, ursprünglich außerhalb des Zentrums gelegen und vor allem ein Zuhause für ältere Beginen. Als die Beginenhöfe wie auch Klöster und Kirchen im 19. Jahrhundert unter der französischen Besatzung in städtischen Besitz fielen, stellte ein privater Käufer das Gebäude den »Schwestern der ewigen Anbetung des heiligen Sakramentes des Altars« zur Verfügung, und es entstanden ein neues Kloster, eine Kapelle, ein kunstvoll angelegter Innengarten und ein Waisenhaus. Als Ende des 20. Jahrhunderts nur noch wenige Schwestern in den Gebäuden wohnten, musste das Gebäude wieder verkauft werden, wurde aufwendig renoviert, unter Denkmalschutz gestellt und beherbergt heute Gästezimmer, ein Hotel und ein Restaurant. Sobald ich das alte Haus betrete, den Schlüssel für das einfache Zimmer (»St. Katharina« oder »St. Christina«) in der Hand halte, scheint mein Herz anders zu schlagen. Es ist, als spüre man dem großen Speisesaal die Gemeinschaft der Freien ab, als spiegele der lange Gang mit den kleinen Zimmern die einträchtige Bescheidenheit wider, und als erzählten die Kapelle, die alten Gemälde und das große Eingangsportal von dem revolutionären Geist, der den Frauen vor sieben Jahrhunderten Raum zur eigenen Gestaltung gab.

Die offizielle Kirche beobachtete die Beginen immer mit Misstrauen. Es passierte wohl sogar ein paar Mal, dass die gelehrten Theologen, die extra geschickt wurden, um die Frauen von ihren verrückten mystischen Ideen von Versenkung und Begeisterung abzubringen, selber in das Geheimnis der Verzauberung durch Gott eintauchten. Ja, nicht nur so manche, die zwangsverheiratet werden sollte oder ins Kloster geschickt, hat sich hierher geflüchtet, sondern auch die nach Gott Sehnsüchtigen, manche leidenschaftliche, suchende Seele, die nach Göttlichem fragte, ohne vereinnahmt werden zu wollen. So wie ich selber immer wieder hierher komme, wenn ich mich nach Frieden und Freiheit gleichermaßen sehne – dankbar für solche Orte, an denen unsere Seele ein Dach findet und eine offene Tür gleichermaßen.

Ida Scudder
und der Staub an den Füßen

Wäge zuerst ab, dann wage es. Du musst die Fakten kennen und die Kosten. Geld ist aber nie das Allerwichtigste. Denk daran, dass du nicht dein eigenes Reich baust. Vertu dich nicht, und denk niemals klein von dir selber. (Ida Scudder)

Während ich dieses Buch schreibe, bin ich nicht in Flandern, was nicht einmal zwei Stunden von meinem Zuhause entfernt liegt, sondern viel weiter weg, in Indien. Und hier, in Südindien, genau in der Stadt, in der ich vor einigen Wochen angekommen bin, in Vellore, lebte und wirkte Ida Scudder.

Indien ist ein widersprüchliches Land. Es gibt viele Slums und Elendsviertel, das HI-Virus breitet sich aus, gleichzeitig boomt die Wirtschaft. Innerhalb eines Augenblicks sieht man Straßenkinder, IT-Firmen, Saris und Jeans, Bettler, Handys, Blechhütten unter Werbung für Laptops und Kühlschränke. In Indien sind Christinnen und Christen eine Minderheit. Dass sie in vielen Regionen des Landes großen Respekt genießen, liegt vor allem an den Kinderheimen und an den Krankenhäusern. Und das wiederum, so könnte man tatsächlich sagen, liegt auch an Ida Scudder.

Ida Scudder war ein junges amerikanisches Mädchen und hatte eigentlich nur einen Traum: Sie wollte zu Hause in Amerika leben, dort am liebsten einen Millionär heiraten und ein leichtes, glückliches Leben führen. Aber ihre Eltern lebten — leider, wie sie fand — als Missionare in Indien. Also lebte sie selbst auch hier. Aber Ida fand alles ätzend: die Hitze, die Saris, die vielen Menschen. Oft war sie die einzige Weiße und ihre Eltern kümmerten sich den ganzen Tag um arme und kranke Leute. Ida wollte jahrelang nur eins: Indien so schnell wie mög-

lich den Rücken kehren und in den USA ihre Ruhe genießen.
Idas Vater war ein engagierter Arzt und sie war es leid, seine
Tochter zu sein. Ja, sie hatte wohl einfach das Gefühl, das Leben zu verpassen. Sie bewunderte ihren Vater zwar, war aber
gleichzeitig überzeugt davon, niemals so ein Leben wie er führen zu können.

Aus Familie Scudder waren in vier Generationen 42 Missionarinnen und Missionare nach Indien und in andere Länder
gegangen. Nur Ida sah sich selber überhaupt nicht in der Rolle,
diese Familientradition weiter fortzusetzen. Wenn sie betete,
sagte sie zu ihrem Gott, dass sie nicht in Indien bleiben, sondern in Amerika leben wolle, dass ihre Freunde schon auf sie
warteten und mit ihr das Leben entdecken und feiern wollten.

Aber ihre Einstellung und ihre Gebete änderten sich ganz
plötzlich, im Jahr 1890, innerhalb einer Nacht. Ida war alleine
zu Hause in ihrem Zimmer und las ein Buch, als ein Mann, ein
Brahmane, zum Haus ihrer Eltern kam und sie bat, mitzukommen zu seiner Frau, die in den Wehen lag. Die Hebammen hatten alles versucht, aber es gab Komplikationen und niemand
wusste weiter. Ida musste dem Mann mitteilen, dass sie nur
die Tochter des Arztes war und keinerlei Erfahrung mit Geburtshilfe hätte, aber dass sie ihren Vater gerne benachrichtigen
würde. Der Mann lehnte das strikt ab, denn die Vorstellung,
dass ein Mann seine Frau berühren würde, war für ihn undenkbar. Ida war hilflos, die schwangere Frau tat ihr leid, aber sie
konnte nichts für sie tun.

So wandte sich Ida wieder ihrem Buch zu. Noch einmal hörte
sie Schritte auf der Veranda. War der Brahmane etwa noch einmal zurückgekommen? Hatte er es sich anders überlegt? Dieses
Mal stand ein Muslim vor der Tür. Er sagte: »Bitte, kommen Sie
schnell. Bei meiner Frau haben die Wehen eingesetzt und es
scheint Schwierigkeiten zu geben.« Idas Vater war zu Hause
und bot selber an, den Mann zu begleiten. Der aber lehnte das
Angebot ab. Niemand außerhalb seiner Familie hatte jemals das
Gesicht seiner Frau gesehen. Er würde nicht zulassen können,

dass ein weißer Ausländer zu seiner Frau käme. Ida und ihr Vater konnten seine Meinung nicht ändern und Ida ging wieder zurück in ihr Zimmer. Die Lust zu lesen war ihr mittlerweile allerdings vergangen.

Erneut hörte sie Schritte auf der Veranda. Zu ihrem Erschrecken erschien ein dritter Mann, ein Hindu, Angehöriger einer höheren Kaste, und auch er hatte eine junge Frau, die bei der Geburt ihres Kindes in Lebensgefahr schwebte. Und auch er ließ sich nicht davon überzeugen, dass ein männlicher Arzt seiner Frau helfen dürfe.

Die Erfahrung dieser einen Nacht, in der drei Männer Ida um Hilfe gebeten hatten, veränderte ihr Leben für immer. Ida konnte nicht mehr einschlafen, sondern musste nachdenken, grübeln, Notizen in ihrem Tagebuch festhalten, beten. Sie schrieb unter anderem: »Eine Frau hatte nicht helfen *können* und ein Mann, der hätte helfen können, der die nötige Ausbildung und das Engagement mitbrachte, hatte nicht helfen *dürfen*.«

Diese Erfahrung hatte eine tiefe spirituelle Dimension für Ida, und sie war so bewegt, dass sie auf einmal wusste, sie würde Medizin studieren, um dann nach Indien zu kommen und hier insbesondere den Frauen, den Kindern und den Ärmsten zu helfen. In ihren Tagebüchern hat sie festgehalten, was sie empfand:

»Ich konnte in dieser Nacht nicht schlafen. Es war einfach zu schrecklich. Hier starben drei junge Frauen, weil es keine Frau gab, die ihnen helfen konnte. Ich verbrachte den größten Teil der Nacht in Angst und betete. Ich wollte nicht in Indien leben und irgendwie fühlte ich mich, als könne ich meine ursprünglichen Träume nicht aufgeben. Ich betete um Leitung. Ich glaube, das war das erste Mal, dass ich jemals Gott wirklich begegnet bin, und die ganze Zeit erschien es mir so, als würde er mich rufen.«[3]

---

3   Die Tagebücher sind nicht veröffentlicht und befinden sich heute im Ida-Scudder-Museum in Vellore, Indien.

Am Morgen nach dieser besonderen Nacht erschrak Ida, als sie aus dem Dorf das Geräusch von Trommeln hörte. Sie wusste, das war ein Zeichen dafür, dass jemand gestorben war. Ida schickte eine der Hausangestellten, um herausfinden zu lassen, was passiert war, und auch, um sich danach zu erkundigen, was aus den drei jungen Frauen geworden war. Sie kam zurück und musste Ida sagen, dass alle drei in der Nacht gestorben waren.

Ida schloss sich für einige Stunden in ihrem Zimmer ein. Sie dachte über die Bedingungen nach, unter denen die Frauen Indiens leben müssen, und nach vielen Gedanken und Gebeten ging sie zu ihren Eltern und teilte ihnen ihre Entscheidung mit: Sie würde nach Amerika gehen, um Medizin zu studieren und dann zurück nach Indien kommen, um den Frauen zu helfen. Ihr Entschluss stand fest.

Als Ida im Jahr 1900 schließlich zurück nach Indien kam, war sie eine gut ausgebildete Ärztin. Ihr Vater starb nur einige Monate, nachdem Ida zurück in Indien war, sodass sie von Anfang an auf sich gestellt und alleine verantwortlich für ihre Arbeit war. Und die Not in Indien war überwältigend. Auf zehntausend Menschen kam ein Arzt. Außerdem hatte sie keine Räumlichkeiten, in denen sie hätte arbeiten können. Sie ließ ein erstes Gebäude errichten, in dem Platz für zehn bis zwölf Patienten war. Die Veranda diente als Wartezimmer, ein kleines Zimmer als Behandlungsraum. Heute ist in diesem Krankenhaus Platz für mehr als zweitausend Patienten. Finanziell unterstützt von großzügigen Spenderinnen und Spendern aus ihrer Heimat kann das Projekt langsam wachsen. Am Anfang hatte Ida gegen das Misstrauen der Bevölkerung anzukämpfen. Ihr erster Patient war ein Mann, der todkrank war, dem sie nicht mehr hatte helfen können und der wenig später starb, sodass das Misstrauen in der Bevölkerung nur noch zunahm.

Eines Tages aber kam ein Hindu, Angehöriger einer höheren Kaste, und ließ seine Augen von ihr untersuchen. Ida konnte ihn erfolgreich behandeln und von diesem Moment an nahm die Zahl ihrer Patientinnen und Patienten beständig zu. Aus

Mitleid nahm sie immer mehr und mehr Arbeit an, sie behandelte pro Tag hundert Kranke, zweihundert, ja manchmal dreihundert. Bis heute ist es so, dass Patienten, die zu arm sind und sich keine Behandlung leisten und keine Medikamente bezahlen können, in dem von ihr gegründeten Krankenhaus umsonst behandelt werden. Spenden machen es möglich, diesem Ideal nachzukommen. Manchmal kam es vor, dass Menschen vor Ida niederknieten, denn sie hielten sie für die Inkarnation einer Göttin. Sie selber empfand diese Huldigung als vollkommen unangemessen und furchtbar unangenehm und flüchtete jedes Mal, wenn sie in eine solche Situation kam.

Sie merkte, dass sie dringend Unterstützung brauchte, weil die Arbeit ihr über den Kopf wuchs und die Not einfach zu groß war. Denn auch wenn ein paar Dutzend Doktoren und Schwestern aus Europa und Amerika kamen, war deren Hilfe doch nur ein Tropfen auf dem heißen Stein. Da hatte Ida eines Tages die Idee, Inderinnen auszubilden, um sich der speziellen Nöte indischer Frauen anzunehmen. Sie begann damit, Krankenschwestern anzulernen, um schließlich noch einen mutigen Schritt weiterzugehen und Frauen auch als Ärztinnen auszubilden. Die Ärzte, die den Medizinstudenten das Examen abnahmen, behaupteten anfänglich doch tatsächlich, dass Idas Mädchen es niemals mit den männlichen Studenten würden aufnehmen können. Aber bei der offiziellen Verlesung der Examensergebnisse sollten alle eine Überraschung erleben. Achtzig Prozent der Studenten hatten nicht bestanden, von den vierzehn jungen Frauen aber jede Einzelne. Ida sorgte dafür, dass hohe Standards in der medizinischen Ausbildung gesetzt wurden.

So entstanden in Vellore ein Krankenhaus und eine Ausbildungsstätte, das CMC, das Christliche Medizinische College. Es steht allen Menschen offen. Unter dem Personal und erst recht unter den Patienten sind Angehörige aller Religionen. Und das alles hat mit einem einzelnen Menschen begonnen, mit einer Frau, mit Ida. Wie man hier zu erzählen pflegt: »Eine

45

Frau, die einmal den Staub Indiens von ihren Füßen hatte schütteln wollen, begann, Indien zu lieben!« Eine schreckliche Nacht hat ihr Leben verändert. Der Tod von drei Frauen hatte sie tief berührt und bewegt, das zu tun, was sie konnte. Und so entstand etwas Großes. Man ehrte sie, Gandhi besuchte sie, sie kam zu internationalem Ruhm und man achtet sie bis heute. Ja, es ist überaus attraktiv, eine Ausbildung an ihrem College zu machen. Die Kinder, die das kleine Hilfswerk unterstützt, das mit meiner Gemeinde verbunden ist, haben sehr oft den sehnlichen Wunsch hier zu studieren, und sie wissen, dass sie dafür allerbeste Leistungen in der Schule nachweisen müssen. Krankenschwester zu werden oder Ärztin oder Arzt bedeutet, eine ausgezeichnete Ausbildung zu bekommen, nach der man zwei Dinge großartig miteinander vereinbaren kann: Man hat sein Auskommen und hilft gleichzeitig anderen.

Immer, auch dieses Mal wieder, wenn ich zu Besuch in Indien bin, besuche ich das große Krankenhaus in Vellore. Einmal hat mir jemand die Stimme von Ida von einem Tonband vorgespielt, eine mutige Ansprache – das war ein besonderes Erlebnis. Jedes Mal bleibe ich für einen Moment im Eingang vor dem Bild von Ida Scudder stehen und dann ist es so, als würde ich eine Frage hören: »Was ist die Berufung für *dein* Leben?«

Eine Inderin
und die Wiedersehensfreude

Wir werden uns wiedersehen!

Noch einmal Südindien, Vellore. Dies Mal sitze ich auf einer Bank in der Kapelle des Krankenhauses. Eine junge Inderin setzt sich neben mich und spricht mich an: »Where do you come from?« Als ich sage, dass ich aus Deutschland bin, kommen ihr die Tränen und sie erzählt mir: »Ich bin in einem Heim der Kindernothilfe aufgewachsen. Meine Pateneltern waren Deutsche. Ich verdanke ihnen so viel. Meine Schulausbildung, mein Studium und dass ich jetzt meine Familie unterstützen kann. Ohne sie wäre ich nicht die, die ich heute bin. Ich bete ihretwegen für Deutschland.« Wir unterhalten uns. Die junge Frau ist Krankenschwester, leiser fügt sie hinzu: »... und Evangelistin!« Wir lachen uns an, erzählen von unserem Glauben und unserer Arbeit. Sie ist nur kurz zu Besuch hier in Vellore, um Medikamente zu besorgen; übermorgen wird sie wieder zurück in die Bergregion gehen, wo sie in sogenannten »Medical Camps« die Kranken in den Dörfern behandelt. Beim Abschied strahlt sie mich an und sagt: »Und im Himmel sehen wir uns wieder, gucken uns an und fragen uns: ›Wo haben wir uns denn schon mal getroffen?‹«

Nscho-tschi und die wirklich erfundene Wirklichkeit

Eine Frau war herausragend, schön und tapfer und hatte unter Namenlosen einen Namen. Allein darin steckte eine Erlaubnis, eine Freiheit.

Noch eine Frau hat meine Jugend geprägt: Nscho-tschi, die Indianerin. In Winnetou I als Schwester des jungen Kriegers und Tochter des großen Häuptlings vorgestellt, die ihren Namen »Schöner Tag« verdient hat und die Fantasie anregt. Später, als sie von Marie Versini gespielt wird, sieht man, wie schön sie ist.

Sie haben mich fasziniert: Old Shatterhand, das Alter Ego von Karl May, so genannt, weil er seine Feinde mit einem gezielten Schlag auf die Schläfe außer Gefecht setzen kann, in den Filmen dargestellt von Lex Barker; sein Kumpel Sam Hawkens, der witzige Skalpierte mit der Perücke, und natürlich Winnetou. Aber daneben gab es eben Nscho-tschi und es war wichtig, dass sie da war. Ich war gerade gefesselt von Winnetous Ausstrahlung in Winnetou I, da musste ich im nächsten Moment feststellen, dass er selber gefesselt war, am Marterpfahl beim Stamm der Kiowas. Der große Häuptling der Apachen, Winnetous Vater Intschu-tschuna, erleidet das gleiche Schicksal. Karl May und ich wollten, dass diese Indianer augenblicklich befreit werden. Und Old Shatterhand befreit sie beide, heimlich und sehr geschickt. Die Geschichte geht mit Kampf und Verletzungen weiter und Old Shatterhand wird ins Lager der Mescalero-Apachen gebracht, wo die Indianer ihn gesund pflegen wollen. Und dann kommt der Auftritt von Nscho-tschi, Winnetous bezaubernder Schwester. Ich fand sie ganz großartig und die Rolle der Häuptlingstochter und Winnetouschwester interessierte mich sehr. Aber Karl May machte, dass sie sich in Old Shatter-

hand verliebte und das fand ich als junges Mädchen sehr un-
glaubwürdig. Das ist ja wohl dein Wunschdenken, lieber Karl
May, dachte ich, als ich noch nicht wusste, dass das eigentlich
auf das ganze Buch zutrifft. In meiner Fantasie jedenfalls ging
die Geschichte von Nscho-tschi immer anders weiter, und niemals durfte sie ein Bleichgesicht heiraten! Allein dieser kleine
Hinweis, dass Intschu-tschuna seiner Tochter eine Ausbildung
ermöglichen will, was letztlich zum Tod von Vater und Tochter
führt, weil das Geld für Nscho-tschi in einer versteckten Gold-
quelle am Nugget-Tsil liegt ... Nun, es war ja nur eine Geschichte. Aber auch erfundene Geschichten können Wahrheiten
vermitteln. Und Nscho-tschi war wahrhaftig wichtig, eine Frau,
die nicht mitlief mit allen anderen, sondern herausragte. Eine,
die unter den vielen Namenlosen um sie herum einen Namen
hatte. Allein darin steckte eine Erlaubnis, eine Freiheit, die für
mich als Mädchen wichtig war.

Nscho-tschi wurde ein Vorbild. Dazu kam noch die kleine
Räubertochter Ronja, die frech, flink, waldig, wunderbar als
ein besonderes Mädchen auftrat und mir so ebenfalls Mut ein-
flößte. Und dann war da natürlich auch noch die Pippi. Ich habe
mir Draht in die Zöpfe geflochten, habe »Alle Groß und Klein
tralla-la-la lad ich zu mir ein« gesungen und war glücklich, dass
es irgendwo hinter Taka-Tuka-Land, zwischen dem schwe-
dischen Småland und meiner Fantasie ein Mädchen gab, das
sich nicht anpasste, sondern sich die Welt so machte, wie sie
ihr persönlich besser schien, mit mehr Lutschern und weniger
Hausaufgaben, stärker, freier, eigenartiger, die beim Kaffee-
kränzchen eine ganze Torte verdrückte, ohne sich zu schämen,
aus Nachbarn Freunde machte und Geschichten zum Wundern
erzählte. Es war einfach nur großartig, sie zu haben. Danke,
Astrid Lindgren.

Rigoberta Menchú Tum
und die Rechte der Indianerinnen

Christus war revolutionär, weil er an grundsätzliche Veränderung, an Transformation glaubte. (Rigoberta Menchú Tum)

Aber sehen wir uns eine echte Indianerin an. Als ich vor einigen Tagen die Zeitung aufschlug, entdeckte ich ihr Foto und meine Neugier war sofort geweckt. Die Überschrift sagte: »Nobelpreisträgerin mit Bettlerin verwechselt« und dann wurde in kurzen Worten berichtet, was geschehen war: Rigoberta Menchú hatte ein Fünf-Sterne-Hotel betreten, in dem sie mit einem Journalisten für ein Interview verabredet war. Weil sie ein einfaches Kleid trug, typisch für die Maya, die guatemaltekischen Ureinwohnerinnen, hatte man sie, ohne lange zu zögern, einfach sofort wieder vor die Tür gesetzt. Erst als einige Gäste des Hotels, die sie erkannt hatten, sich beschwerten, war ein Angestellter hinter ihr hergelaufen, hatte sie um Entschuldigung gebeten und sie war ihm zurück ins Hotel gefolgt, wo sie ihre Verabredung wahrnehmen konnte.

Als 1992 bekannt wird, dass Rigoberta Menchú Tum mit dem Friedensnobelpreis geehrt wird, ist sie die jüngste Nobelpreisträgerin und auch die erste amerikanische Ureinwohnerin, die diese Auszeichnung erhält. Damit werden ihre Bemühungen zur Durchsetzung der Menschenrechte, ihre Arbeit für soziale Gerechtigkeit und Versöhnung und ihr Engagement für die Urbevölkerung Lateinamerikas öffentlich anerkannt und ermutigt.

Die Regierung Guatemalas reagiert mit Zurückweisung und Verachtung, weil eine *indigena*, eine »Eingeborene«, eine Maya-Indianerin mit geringer Bildung und aus armen Verhältnissen damit international berühmt wird, und beschreibt es als nationale Beleidigung, eine Ureinwohnerin, die nicht mehr ist als ein Dienstmädchen, so zu ehren.

Andere protestieren, weil Rigoberta angeblich an gewaltsamen Aktionen der Guerilla beteiligt gewesen ist. Rigoberta gibt zu, dass die Versuchung, zur Waffe zu greifen, manchmal groß gewesen ist und einem in der Ohnmacht als einzige Möglichkeit erscheinen konnte. Sie erzählt auch, dass zwei ihrer Schwestern sich der Guerilla angeschlossen haben und sie sie nicht aufhalten konnte.

Und dann erzählt sie weiter: Ihr Vater hatte mit anderen kleinen Farmarbeitern, *campesinos*, zu einem friedlichen Protest gegen das brutale Verhalten der Großgrundbesitzer aufgerufen. Sie waren dazu in die spanische Botschaft gezogen. Es kam zu keinem Gespräch, keinen Verhandlungen, sondern die Regierung reagierte auf die Kundgebung mit brutaler Gewalt, Soldaten zündeten die Botschaft an und Rigobertas Vater und die anderen kamen in den Flammen ums Leben. Der Schrecken nahm noch größere Ausmaße an, als auch viele Angehörige der getöteten Demonstranten ebenfalls ermordet wurden. Soldaten folterten und töteten auch Rigobertas Mutter und brachten ihren Bruder um.

Dass Rigoberta sich in eben dieser Situation nicht der Gewalt zuwandte, sondern dem Engagement, die Situation der guatemaltekischen Ureinwohnerinnen und Ureinwohner mit politischen Schritten und sozialen Veränderungen zu verbessern, ist der Grund dafür, dass sie den Friedenspreis erhielt. Rigoberta wurde aktives Mitglied der Vereinigung der *campesinos* und Gründungsmitglied der Gruppe der »Revolutionären Christen«. Dabei machte sie immer wieder deutlich, dass »revolutionär« für sie bedeutete, an wirkliche Veränderung, grundlegende Transformation zu glauben. »Wenn ich den bewaffneten Kampf gewählt hätte, wäre ich jetzt in den Bergen bei meinen Schwestern.«

Rigoberta Menchú Tum wurde 1959 in scheinbar hoffnungsloser Armut in der Nähe von Quiche in Guatemala geboren. Schon als kleines Mädchen musste sie auf den Feldern arbeiten. Aber was sie dort säte, pflanzte, nach Ungeziefer absuchte, düngte, wässerte, pflückte, erntete, wanderte immer nur in die Scheunen der Großgrundbesitzer; nur ein Bruchteil wurde als Lohn an die Arbeitenden ausbezahlt. Rigoberta musste mithelfen, die Familie zu ernähren, und dabei erleben, dass einer ihrer Brüder an Unterernährung starb und ein anderer an den Folgen der Pflanzengifte, denen er bei der Arbeit auf einer Kaffeeplantage ausgesetzt war.

Aber als habe eine tiefe Ahnung in ihr gelebt, dass sie lesen und schreiben, reden und sich mitteilen lernen müsse, um etwas an ihrer Lebenssituation zu ändern, suchte sie einen Ort, an dem sie wenigstens ein Mindestmaß an Bildung und Förderung mitbekommen würde. In einer Kirchengemeinde wurden ihr Eifer belohnt, ihre schnelle Auffassungsgabe entdeckt und ihre Fähigkeit zu erzählen unterstützt. Und so kam es, dass sie ein erstes Buch schreiben konnte. Gerade einmal 24 Jahre alt, erzählte sie ihre Lebensgeschichte und sprach in dieser Biografie schonungslos über Armut und Gewalt, Ausbeutung und Rassismus. Sie lud sich in Schulen und Kirchenkeller ein, um ihre Geschichte weiterzuverbreiten und andere aufzurütteln. Sie tat, was sie eben tun konnte, was in ihrer Macht stand, erzählen, Fragen stellen, Diskussionen auslösen. Später folgte ein weiteres Buch, dass sie der Anthropologin Elisabeth Burgos-Debray auf Spanisch diktierte, und ihre Geschichte wurde jetzt über ihren eigenen Radius hinaus bekannt. Viele Menschen, die sich für die Rechte indigener Völker einsetzten, wussten sich ermutigt.

Rigoberta, die kein Diplom hat, sondern als Kind in den Plantagen und als Erwachsene als Hausangestellte arbeitete, wurde eine Diplomatin, eine wichtige Führungspersönlichkeit Guatemalas. Später wurde sie wegen ihres politischen und sozialen Engagements gezwungen, das Land zu verlassen. Sie ging nach Mexiko ins Exil und arbeitete schließlich als Beraterin der UNO für die Rechte der indigenen Völker.

Rigoberta Menchú Tum erhielt viele Ehrungen, 1990 zum Beispiel den UNESCO-Preis für Friedenserziehung, 1992 den

Friedensnobelpreis. In ihrer Dankesrede sagte sie: »Ich weiß, dass mir meine Überzeugungen niemand nehmen kann. Weder die Regierung noch die Angst noch die Waffen. Die Welt, in der ich lebe, ist so ungerecht und so gewalttätig, dass sie mir mein Leben von heute auf morgen nehmen kann. Darum ist meine einzige Alternative, das Einzige, was mir bleibt, für Gerechtigkeit einzustehen. Das habe ich aus der Bibel gelernt.« Seit sie im Jahr 1999 vor dem Nationalen Gericht in Madrid offiziell Anklage erhoben hat gegen drei Generäle der Diktatur ihres Heimatlandes, wollen die Militärs sie selbst wegen Hochverrat vor Gericht bringen, sodass ihr bei Rückkehr nach Guatemala bis zu zwanzig Jahre Haft drohen. Mit diesem mutigen Schritt versucht sie Bedingungen zu schaffen, um ihr Land langfristig auf einen neuen demokratischen Weg zu bringen.

Was mir persönlich besonders wichtig ist an ihrem Beispiel, ist ihr Umgang mit Gewalt. Rigoberta zeigt, dass es verschiedene Arten der Gewalt gibt: eine unmittelbare, wie Folter, Vergewaltigung und Krieg, die Macht der Militärs und Diktaturen. In einem gewissen Rahmen berichten die Medien über diese Art der Gewalt. Daneben aber gibt es eine weitere Form der Gewalt: den Krieg der Reichen gegen die Armen. Er verursacht Hunger und Mangel an Trinkwasser. Er führt dazu, dass Feldarbeiter nicht vor Pestiziden geschützt werden und es ihnen unmöglich gemacht wird, einen gerechten Prozess vor einem neutralen Gericht zu führen. Diese sogenannte »strukturelle Gewalt« führt zu Hunger, Krankheiten und über die Jahrzehnte und Jahrhunderte zum Sterben von Millionen. Tode, die verhindert werden könnten! Und Rigoberta macht uns darüber hinaus noch auf eine dritte Art der Gewalt aufmerksam, die »höhere Gewalt«, die Gewalt, die in unseren Köpfen und Herzen herrscht und die die beiden anderen Formen der Gewalt oft unbewusst rechtfertigt. Diese Entlarvung empfinde ich als ausgesprochen notwendig in unserer Zeit.

Rigoberta Menchú Tum aber zeigt darüber hinaus einen beeindruckenden Umgang mit allen Formen der Gewalt, denn sie begegnet der Gewalt nicht mit Gegengewalt. Sie zeigt ihren Zorn, aber sie wählt den Weg des Gesprächs, der Verhandlungen, des Rechts, und das mit ganzer Ausdauer. Als revolutionäre Christin entlarvt sie ihre eigene Angst und die Argumente der Mächtigen, die von dieser Angst profitieren. Ich meine, dass Demokratie, die Beteiligung aller, immer die Wahrung der Menschenrechte und nachhaltige Entwicklung einschließen muss. Rigoberta setzt ihre ganze Energie dafür ein und überwindet die eigenen Gefühle der Rache, die angesichts der Verluste, die sie erlitten hat, verständlich wären in einer Welt, in der erfahrenes Leid immer wieder neues Leid rechtfertigt.

So wird sie zu einem lebendigen Beispiel für die Gütekraft, diese innere Stärke, die der Gnade mehr zutraut als jeder anderen Macht, zu einem Vorbild für Frieden und Versöhnung über ethnische, kulturelle und soziale Gräben hinweg; in ihrer Heimat, auf ihrem ganzen Kontinent und für diese Welt. Der größte Respekt gilt wohl ihrem außergewöhnlichen Mut, Gewalt und Folter zu entlarven und vor Gericht zu bringen. Schwester Rigoberta Menchú Tum ist eine Heldin, denn eine Heldin ist jemand, die ihr Leben hingibt für ein Ziel, das größer ist als ihr eigenes Leben.

Südafrikanerinnen und das Prinzip »Sisterhood«, Verschwesterung

Wir finden gut, wenn du gut bist! (Khumo Nthla)

Als Brigalia Bam 1995 Generalsekretärin des Südafrikanischen Kirchenrates wurde, Nachfolgerin von Männern wie Wolfram Kistner, Desmond Tutu und Frank Chikane, großen Theologen und Widerstandskämpfern, wurde sie immer so vorgestellt: »Sie ist eine Lehrerin (keine Theologin), sie ist eine Schwarze (keine Weiße), und sie ist eine Frau (kein Mann).« Sie hatte drei »Keins« in ihrer Vorstellung. Und da sagten die Frauen des Projektes, in dem ich damals arbeitete: »Sie ist zwar nicht unser Typ und wir haben wahrlich einige inhaltliche Differenzen, aber wir werden sie unterstützen. Sonst kann sie ihre Berufung nicht erfüllen und das würde am Ende auf uns alle zurückfallen, auf uns, die wir ebenfalls keine Theologinnen, keine Weißen und keine Männer sind. Wir werden dafür sorgen, dass sie gut wird! Was wir dazu beitragen können, werden wir tun dafür, dass sie wirklich gute Arbeit leistet! Sie wird alle Hilfe von uns bekommen und jede Stimme, die sie braucht!« Das ist das Prinzip, das sie »Sisterhood« nannten, aktive Verschwesterung, gegenseitige, neidlose Rückenstärkung.

Mich hat dieses Prinzip überzeugt. Ich habe selber erlebt, wie der Neid echte Nähe verhindert, misstrauisch und missgünstig macht. Wie Neid dazu führt, dass wir nicht mehr sehen, was wir selber sind und haben, sondern was wir lieber hätten und am Ende nur noch, was uns fehlt. Wir brauchen aber alle solche Orte ohne Angst, ohne Eifersucht, Feindseligkeit und Schadenfreude. Wir brauchen sie, um überleben zu können in einer Zeit, in der »Konkurrenz das Geschäft belebt« und Menschen ständig erleben, dass sie gegeneinander ausgespielt und ausgetauscht werden. Wir brauchen Menschen, die uns zeigen, dass wir Güte und Gegenseitigkeit leben können. Ich glaube, als Frauen brauchen wir auch die Erfahrung, dass andere Frauen uns unterstützen, und dasselbe gilt genauso für Männer. Sisterhood beziehungsweise Brotherhood zu leben, kann uns mit der Erfahrung beschenken, dass andere hinter uns stehen, unser Scheitern mittragen und uns unseren Erfolg gönnen.

Gudrun Sjödén
und die bunten Klamotten

Ich möchte die Ganzheitlichkeit in Frauen auszeichnen, die sich selbst helfen, die ihre Träume verwirklichen, ihre Persönlichkeit zum Ausdruck bringen und anderen Frauen ein Beispiel sind. (Gudrun Sjödén)

Wer wird die »farbstärkste Frau des Jahres«? Wer mich kennt, weiß, dass ich persönlich wohl keine Chance habe, diesen Wettbewerb zu gewinnen. Ich bin keine farbstarke Kandidatin, sondern kleide mich am liebsten in Schwarz. Aber ich mag die Idee dieses Wettbewerbs trotzdem, denn er bringt Vorbilder ans Licht. Der Aufruf, der vor allem über die Homepage und Kataloge von Gudrun Sjödén erfolgt, heißt, sich unter Alltagsheldinnen, Künstlerinnen, Politikerinnen, Unternehmerinnen, Promis und Hausfrauen umzusehen und eine Frau zu nominieren. Unter den Gewinnerinnen finden sich beeindruckende Frauen, ganz im Sinne dieses Buches: eine Sonderschullehrerin, die sich umfassend für die Rechte von Menschen mit Lernschwierigkeiten engagiert; eine Ökologin, die grüne Produkte in Supermärkten platziert; eine Polizistin, die gegen Kinderprostitution und -pornografie kämpft; eine Pensionärin, die ihr Engagement den besseren Lebensbedingungen von Kindern z.B. in Vietnam widmet. Aktuelle Gewinnerin ist Carolina Gårdheim aus Spånga, und in der Begründung der Jury kann man lesen, dass Carolina es geschafft hat, ihr schwarzes Kleid abzuwerfen und nach einem Schicksalsschlag im wahrsten Sinne des Wortes ein neues, buntes Leben zu beginnen und kreativ zu gestalten. Für Gudrun Sjödén, Chefdesignerin und Geschäftsführerin der Firma mit ihrem Namen, ist »farbstark« ein Schlüsselbegriff. »Wir suchen Frauen mit farbstarker Persönlichkeit. Wir brauchen einfach mehr starke Frauen und das wollen wir mit unserem Wettbewerb unterstreichen«, sagt sie.

So ermutigt die Schwedin Gudrun Sjödén, die mit ihrem Unternehmen hinter dem Wettbewerb steht, Frauen dazu, sich selbst zu entdecken und ihrem Leben Farbe und Stil zu geben. Für die Modemacherin ist Kleidung nicht nur äußere Hülle, sondern hat mit Persönlichkeit zu tun, mit dem Ausdruck von Idealen, der Verwirklichung von Träumen. Sicher ein eher westliches, europäisches Ideal, aber in diesem Kontext wohl ein großes Thema.

Aber darüber hinaus verwirklicht Gudrun Sjödén selbst mit ihrer Mode auch noch andere Prinzipien — was eigentlich der Hauptgrund ist, warum ich auf sie aufmerksam geworden bin. Ich suchte zeitlose Kleidung, die aus Naturmaterialien hergestellt wird, garantiert ohne Kinderarbeit. Ich suchte Mode, in der nicht Größe »42« steht, die sich aber wie »36« anfühlt, denn ich bin keine 36 mehr. Kleidung, der man nicht den Geschmack einer Saison ansieht. Und Kleidung, die ich, weil ich viel unterwegs bin, leicht kombinieren kann. Ich fand »Zwölf-Farben-Schwarz«, den weniger bunten, weniger kontrastreichen Teil ihrer Kollektion, fand die Kleidung und die Ideale, die ich suchte.

Gudrun Sjödén gibt ihren Kundinnen ihr Siegel darauf, dass sie mit kleinen Betrieben nach ihren Prinzipien zusammenarbeitet, mit eigenen Baumwollproduzenten und Nähereien, auf die Umweltverträglichkeit vom Entwurf bis zum Versand achtet. Aber über die bloße Herstellung hinaus bietet ihre Mode die Chance, das Kaufverhalten zu ändern. Das ist die Grundphilosophie: »Das wichtigste Kriterium zur Minimierung negativer Umweltauswirkungen ist der sparsame Umgang mit natürlichen Ressourcen.« Ja, ein verschleißfestes Kleidungsstück mit zeitlosem Design, das man sehr lange tragen kann, belastet die Umwelt wohl am wenigsten. Seit vierzig Jahren arbeitet Gudrun Sjödén als Designerin. Man merkt den Farben und Formen den Norden an, Fjorde und Wasser, Meeresbuchten, Sommersonne. Die Farben ihrer Textilien tauchen mein Zimmer in lindes Grün. Und ja — ich fühle mich herausgefordert, über mein Trauerkleid, mein schwarzes Outfit nachzudenken.

Anita Roddick und die Idee, immer schön fair zu bleiben

Hast du dir je darüber Gedanken gemacht, dass du vom größten Teil der Welt abhängig bist? Du stehst morgens auf und greifst im Bad nach einem Schwamm, der wird dir von einem Inselbewohner aus dem Pazifik gereicht. Du nimmst ein Stück Seife, und du empfängst sie aus den Händen eines Franzosen ...
(Dr. Martin Luther King junior)

Sie war eine der außergewöhnlichsten und erfolgreichsten Unternehmerinnen unserer Zeit. Denn die Engländerin, die 1976 die Kosmetikfirma »The Body Shop« gegründet hat, wollte nicht nur Schminke, Seife und Shampoo verkaufen, sondern auch ihre Ideale verwirklichen. Und sie hat bewiesen, dass es geht. Heute gibt es mehr als zweitausend Shops in 54 Ländern. Und die Produkte, die man im Body Shop kauft, erzählen eine Geschichte.

Aber Produkte erzählen ja immer Geschichten. Das Zitat von Martin Luther King geht folgendermaßen weiter: »Und dann gehst du in die Küche, um deinen Kaffee zu trinken, und den schenkt dir ein Südamerikaner ein. Oder vielleicht nimmst du lieber Tee, den schenkt dir ein Chinese ein, oder du nimmst Kakao, den schenkt dir ein Westafrikaner ein. Und dann nimmst du einen Toast, der kommt aus den Händen eines Farmers, vom Bäcker nicht zu reden. Und ehe du noch dein Frühstück beendet hast, bist du schon von der halben Welt abhängig gewesen. Wir werden keinen Frieden habe, ehe wir nicht diese gegenseitige Abhängigkeit aller Menschen begriffen haben.«

Es stimmt: Produkte erzählen eine Geschichte. Und eine ganze Reihe redet von Lohndumping, Gewerkschaftsverbot und gefährlichen Arbeitsbedingungen. Oder sogar von Kinderarbeit.

Aber kann ein Schwamm vom anderen Ende der Welt eine gute Geschichte erzählen? Geht das? Die Tasse Kaffee am Morgen mag fair gehandelt sein, aber meine Kosmetik? Können die Geschichten, von denen Anita Roddick träumte, wahr geworden sein? Mit Seife etwas gegen Gewalt tun? Haare stylen für weltweite Gerechtigkeit? Schminken für den Frieden? Was sich zunächst vielleicht albern anhört, ist durchaus ernst gemeint.

Ein Bekenntnis vorweg: Ich mag den Body Shop. Body Shop warb mit »Ruby«, einer molligen »Barbie-Puppe«, die nicht dem gängigen Schönheitsideal der Branche, sondern eher dem des Malers Rubens entspricht. Das Poster mit Ruby, der Anti-Barbie mit dem weiblichen Normalkörper, die recyclebaren Verpackungen, die Gerüche, das weltweite Flair, die Idee, all das gefiel mir. Und so machte ich mich also irgendwann auf Recherchereise, wollte mehr erfahren. Body Shop bekam ein Gesicht für mich. Zunächst einmal Anita Roddicks Gesicht, eine Persönlichkeit. Und dann schnell andere. Auf der globalen Homepage, *thebodyshopinternational.com*, lächelt mich nicht etwa ein blasses schönes Model an, sondern unter der Überschrift »Unsere Werte und Kampagnen« gucken zwei Lateinamerikanerinnen vor ihrer Hütte in die Kamera. Ungeschminkt. Das ist sperrig. Und macht mich neugierig. Ich forsche also weiter, lese, frage nach, konsumiere, kaufe, teste, unterhalte mich immer wieder mit den Verkäuferinnen, grabe mich durch die Roddick-Biografie und style mir die Haare ...

Die kleine Portion Honig im Haargel kommt aus Afrika und wird als fair gehandelt und »organic« ausgewiesen. Der Honig wird in den Wäldern von Sambia produziert und die Blumen hier sind weder Pestiziden noch Abgasen ausgesetzt, die Imkerinnen und Bienenzüchter behandeln den Honig so, wie es ihnen seit Generationen vermittelt wurde, immer in Abhängigkeit vom natürlichen Gleichgewicht des Waldes. Das ist »organic«.

Verschwindend wenig, dieses bisschen Honig im Haar. Und vielleicht zwei Euro teurer als etwas Vergleichbares aus der

Drogerie nebenan. Aber wohl eine Investition, die für die Imkerinnen einen echten Unterschied macht. Und das ist nur *ein* Beispiel.

Body Shop bezieht nicht alle, aber viele natürliche Inhaltsstoffe von kleinen Händlerinnen und Händlern weltweit und verfolgt damit das langfristige Ziel, faire Handelsbeziehungen auch mit Ländern der sogenannten »Dritten Welt« aufzubauen. Das Nussöl im Haarshampoo zum Beispiel kommt aus Brasilien, von der Amazonas-Regenwald-Stiftung. Die Initiative garantiert den sieben Stämmen, die in dieser Region im Wald leben und arbeiten und die die Brasil-Nüsse für das Öl einsammeln, ein faires und regelmäßiges Einkommen. Anita Roddick selber formuliert es auf der Homepage des Body Shop so: »Bei unseren Handelsbeziehungen geht es nicht nur um ein weiteres Produkt in der Body-Shop-Palette, sondern es geht um Austausch und Werte, Handel und Respekt, Freundschaft und Vertrauen.«

Das hört sich idealistisch an. Ist es auch. Naiv dagegen in keinem Fall, denn seit den späten 80ern hat Anita Roddick konsequent Beziehungen zu kleinen lokalen Gruppen entwickelt, die sie während ihrer vielen Reisen ausfindig machte. Sesam-Farmer in Nicaragua, indische Baumwollwebereien. Siebenhundert Tonnen natürlicher Zutaten kommen da zusammen, angefangen von Klassikern wie Sheabutter bis zu Neuentdeckungen wie Babassu-Öl aus Namibia, ein Pflegestoff, der vorher unbekannt in der Branche war. Wellness also, ja. Auf höchstem Qualitätsniveau. Und mit gutem oder zumindest etwas besserem Gewissen ... In meinem Freundinnenkreis haben wir über diese und andere Fairtrade-Ideen oft diskutiert. Immer wieder wird dabei auch ein Einwand laut, der etwa so lautet: »Ich habe keine Zeit, erst nachzusehen, ob ein T-Shirt in China hergestellt wurde, auch wenn ich prinzipiell gegen Kinderarbeit bin«. Andere sagen: »Ich kann es mir nicht leisten, mehr Geld für fair gehandelten Kaffee, Klamotten, Kosmetik, Schokolade auszugeben, denn ich bin selber knapp bei Kasse und muss sparen.« Ich merke in diesen Gesprächen, wie ungewohnt es ist, über Geld zu sprechen. Ja, Geld ist ein intimes Thema und wofür man es ausgibt, bleibt am Ende eine persönliche Entscheidung. Und ob man um des fairen Handels willen, mehr Geld ausgibt, bleibt jeder selbst überlassen. Nur eins ist sicher: Irgend jemand zahlt den Preis. Wenn nicht wir hier, dann die Imkerinnen und Kaffeepflückerinnen dort. Für mich sind Boykott und bewusster Einkauf kleine wirkungsvolle Methoden, in einem großen System einen feinen Unterschied zu machen. Ich empfinde das als sehr verlockend und es ist mir wirklich bares Geld wert. Eine indische Freundin sagte mir einmal: »Boykott ist ein Machtmittel der Mittelschicht; denn wer gar kein Geld hat, kann es nicht benutzen. Hungerstreik ist ein Machtmittel der Mittelschicht; denn wer sowieso hungert, kann es nicht benutzen.«

Als am 27. März 1976, vor mittlerweile dreißig Jahren also, der erste Body Shop seine Türen öffnete, wollte Anita Roddick eigentlich nur den Lebensunterhalt für sich und ihre beiden Töchter verdienen. Und sie wollte noch ein kleines bisschen mehr! Dieses Mehr interessiert mich, fasziniert mich, überzeugt mich.

Anita Roddick hatte das Anliegen, die Ressourcen der Welt schonend und verantwortlich zu nutzen. Duschgel und Shampoo werden in nachfüllbaren Recyclingbehältern verkauft, wodurch eine Menge Plastikmüll gespart wird. Der Leinenbeutel ist bunt mit den Appellen bedruckt, die Body Shop selber unterstützt: »Verteidigt die Menschenrechte! Schützt unseren Planeten! Fördert die Selbstachtung! Unterstützt fairen Handel!« Außerdem verzichtet Body Shop vollkommen auf Tierversuche, die Anita Roddick weder für notwendig noch für moralisch vertretbar hält. Mit einer ihrer ersten Kampagnen unterstützte sie die Umweltschutzorganisation Greenpeace bei einer Walrettungsaktion. Mittlerweile sind eine Menge anderer Initiativen dazugekommen, unter anderem sehr anerkannte Projekte, die weltweit Aufmerksamkeit auf das Thema HIV und Aids lenken.

Ist sie Christin?, fragten sich meine Freundinnen und ich immer mal wieder, meinten Anita Roddick und mussten den Kopf schütteln. Wohl nicht, sagten wir dann. Aber sie benimmt sich so. Irgendwie würde es so gut passen ...

Ich weiß es noch sehr genau: Von meinem allerersten Besuch in einem Body Shop ging ich damals lachend mit einem Plakat nach Hause. Das ist mittlerweile fast zwanzig Jahre her. Die Plakatserie mit der Ruby-Puppe hatte damals für Aufsehen gesorgt. Ja, Anita Roddicks Geschäftsidee erzählt auch von Würde und Selbstachtung. Wie die Erfinderin selber sagt: »Ich gehe davon aus, dass jeder Mensch schön ist und auch stolz darauf sein sollte. Wir sind stolz darauf, nicht in eine Form zu passen. Wir machen keine falschen Versprechungen und verkaufen nicht ein unerreichbares Schönheitsideal und spielen nicht mit der Unsicherheit unserer Kundinnen. Wir glauben, dass es nicht nur eine Art gibt, wie eine Frau aussehen soll.« Ja, der Body Shop ist auch ein Herz-Shop, Ideen-Shop. Duft und frische Luft, Inspiration, Wellness und Würde.

Ein Konzern, der auf ganz verschiedenen Ebenen also dem Gemeinwohl dienen soll. Ein großes Unternehmen mit Prinzipien. Anita Roddick meinte es ernst. Sie nahm an Protesten gegen die Welthandelsorganisation teil und erhielt gleichzeitig Auszeichnungen als Unternehmerin des Jahres. Angegriffen, kontrovers diskutiert, ignoriert oder bewundert – Anita Roddick bewies, dass sich in der globalisierten Weltwirtschaft ökonomischer Erfolg und verantwortungsbewusstes Handeln durchaus vereinbaren lassen. »Die Wirtschaft hat das Potenzial, Gutes zu bewirken. Darum steht in unserer Firmenphilosophie als Erstes der Satz: ›Wir weihen unser Geschäft dem Zweck, etwas zu verändern für die Umwelt und für soziale Gerechtigkeit und nutzen unsere Läden und unsere Produkte, um Anliegen wie Menschenrechte und Umweltschutz zu vermitteln.‹«

Als ich diese Geschichte aufschrieb, kaufte ich ganz bewusst in meinem Body Shop. Ließ mir Zeit, blätterte in den Broschüren, schnupperte am neuesten Duft. Und entdeckte direkt neben der Kasse eine neue Idee: Gänseblümchen-Seife. Gemeinsam mit UNICEF initiierte der Body Shop eine Aktion »Stoppt häusliche Gewalt!« In diesem Jahr werden dabei die Schwächsten in den Mittelpunkt gerückt, die Kinder. Und Erwachsene werden aufgefordert, Sicherheit zu schenken, nicht wegzuschauen, das Thema anzusprechen, einzugreifen.

Also, ich bin dabei. Ich nehme zum Stylen liebend gerne den »Organic«-Honig. Und creme mich jeden Morgen ein mit Babassu-Öl aus Afrika. Das Ruby-Poster hängt zwar nicht mehr bei mir im Flur, aber immer wieder mal zeige ich es, wenn junge Mädchen bei mir zu Besuch sind, die sich in ihrem Körper nicht zu Hause fühlen. Und Gänseblümchen-Seife — davon hab ich damals gleich mehrere Stücke gekauft und bei einem Frauenabend in meiner Gemeinde verlost, was eine ganze Reihe an Gesprächen zur Folge hatte und ein paar Mal zu dem Satz führte: »Man kann eben doch was tun!«

Rabia al-Adawiyya al-Qaisiyya und Gegensätze wie Feuer und Wasser

Gott, wenn ich dich aus Furcht vor der Hölle verehre, verbrenn mich in der Hölle. Und wenn ich dich nur in Hoffnung auf das Paradies verehre, dann schließe mich aus aus dem Paradies. Aber wenn ich dich um deiner selbst willen ehre, dann versage mir deine ewige Schönheit nicht.
(Rabia al-Adawiyya al-Qaisiyya)

Rabia lief mit einer Fackel und einem Eimer Wasser durch die Straßen von Basra. Sie erregte Aufsehen und Irritation, bei manchen Menschen bewirkte sie einen radikalen Sinneswandel. Man sah hier die beeindruckende Vorführung einer leidenschaftlichen Mystikerin, wahre Performance-Prophetie, beeindruckende Zeichenhandlung. Wenn man sie fragte, warum sie das tue, antwortete sie: *»Ich will Wasser in die Hölle gießen und die Fackel ans Paradies legen, damit klar wird, dass ich Gott um seiner selbst willen liebe.«*

Dieses Motiv bestimmte ihr Leben. Eine andere Begebenheit wird aus ihrem Leben erzählt: Rabia, befragt, ob sie Gott liebe, antwortete mit einem begeisterten Ja. Gefragt, ob sie den Teufel hasse, antwortete sie mit einem klaren Nein und begründete ihre Haltung damit, dass ihr ihre Liebe zu Gott keine Zeit lasse, den Teufel zu hassen.

Die Mystikerin und Lyrikerin wird manchmal als »zweite Maria« bezeichnet, und bis heute ist es üblich, eine besonders gläubige und bewundernswerte Frau »zweite Rabia« zu nennen.

Leah Nomalizo Tutu
und die Christuskraft

Die Liebe hat es schwer
in Zeiten von Apartheid,
Klischees und Einseitigkeit.

Schlimm ist es immer dann gewesen, wenn meine Familie bedroht wurde«, sagt Desmond Tutu, der berühmte Bischof aus Südafrika. Er ist einer der Großen im Kampf gegen Apartheid und Rassismus, ein schwarzer Prediger, meist in anglikanisches Lila gekleidet. Seine Frau Leah Nomalizo Tutu hat über alle Jahre ihre eigene Lebensberufung gelebt und die Position ihres Mannes mit ganzer Kraft unterstützt. Die beiden wussten sich denselben Werten verpflichtet – Gerechtigkeit, Freiheit, Würde und Gnade. Sie wussten sich beide von Gott gerufen, ihr Leben für das Leben einzusetzen.

Es gab Zeiten, in den 1980ern, in denen Desmond Tutu Morddrohungen bekam, bespitzelt wurde, vor Gericht musste, ständig in Angst lebte, wie Mandela nach Robben Island in das Gefängnis für Schwerstverbrecher verbannt zu werden. Trotzdem wurde er nicht müde zu predigen, zu beten, zu bitten. Er hörte nicht auf, die weißen Machthaber zur Umkehr einzuladen. Er weigerte sich, Familie Mensch noch länger einzuteilen in Schwarz und Weiß, in rechtlos und berechtigt, in wertlos und wichtig, sondern sah alle als Kinder Gottes an. Da gab es einen Abend, als ein Abgeordneter der weißen nationalen Regierungspartei öffentlich im Fernsehen sagte: »Dieser Tutu redet zu viel!« Und Desmond Tutu erkannte den Versuch, ihn einzuschüchtern, ihn zum Schweigen zu bringen. Aber ihn beschlich auch Sorge. Und so fragte er seine Frau: »Leah, stimmt das, was er sagt? Rede ich zu viel?« Er wollte es wissen, er musste es von ihr hören: »Soll ich aufhören? Mich zurückhalten oder ganz zurückziehen? Soll ich es für dich tun?« Und Leah Nomalizo sagte: »Ich möchte dich lieber auf Robben Island wissen als stumm hier bei mir.«

Diese Frau sah nicht das, was ihr genommen wurde an Sicherheit und Leichtigkeit. Dieser Kampf war auch ihr Kampf, und sie war bereit, alles zu geben. Sie wusste sich beschenkt und einig mit den Worten ihres Mannes, seiner Leidenschaft, seiner Predigt, seinem Zorn und seiner Einladung zur Versöhnung. Sie hörte Gott in seinen Worten und wusste, ihr Mann sah Gott in ihrer Liebe. Sie zeigte Stärke, und auch in den Momenten, in denen er zweifelte, blieb sie ihm und sich selbst treu und dem Anliegen, für das sie beide mit ihrem Leben kämpften.

Ich glaube, einer der Gründe dafür, dass die Liebe oft gefährdet ist, ist, dass auch wir immer wieder von Rassismus umgeben sind, von Schwarz-Weiß-Denken. Die Liebe ist immer wieder bedroht von Apartheid, Urteilen, Schubladen und Klischees, die es ihr schwer machen, frei zu atmen. Wir sagen ganz schwarz-weiß: Frauen sind so. Oder: Männer sind so. Die können nicht anders. Norddeutsche. Rothaarige. Einzelkinder. Lehrerinnen. Die Jugend. Politiker. Schwarze können nicht einparken, Weiße nicht zuhören. Ausnahmen bestätigen immer nur die Regel, auf die wir festgelegt sind. Die Liebe ist immer in der Gefahr, vergiftet zu werden, bedroht von den Urteilen, den Meinungen, die uns apart getrennt voneinander halten. Es gibt dann keine Verständigung und keine Veränderung. Wir sind aber eingeladen und aufgefordert zu teilen statt einzuteilen. Uns einander mitzuteilen statt zu verurteilen. Wir sollen nicht Vorurteile schüren, sondern die Versöhnung anfeuern. Ich glaube nicht, dass Männer vom Mars und Frauen von der Venus sind, ich glaube, sie sind beide von der Erde, und genau hier müssen sie auch miteinander leben. Und ich glaube, wer sich der Christuskraft anvertraut, wird den anderen, die andere nicht mehr so festlegen können. Und sich selber auch nicht. Er und sie wird nicht mitsprechen können bei Sätzen wie: »Der kann nicht anders« und: »Der ändert sich nie« und: »Die war immer schon so.« Es gibt keine hoffnungslosen Fälle; auch wir selber sind keine.

Woher kommt diese Christuskraft? Ich möchte es so sagen: Jesus war tot. Alle Vorurteile, die man im Laufe des Lebens gegen Tote sammeln kann, sagen, dass sie nicht anders können, als tot zu bleiben. Alle Erfahrungen sagen dir, dass deine Erfahrung ausnahmslos stimmt und dieses Klischee richtig ist: Tote vermisst man und sieht sie nicht wieder. Aber Christus widerspricht selbst dieser Erfahrung, unterbricht selbst diese härteste, schmerzliche Festlegung. Er beschenkt uns mit Lebendigkeit, Kraft, Neuanfang, mit einem »Alles ist möglich!«. Das ist der unglaublichste Glaubenssatz des Christentums. Er fordert uns heraus, in diesen Zeiten nicht die Festlegung zu wählen, sondern die Offenheit, die Zugänglichkeit für neue Erfahrungen: Stein weggerollt, Neuigkeit, echte Unterbrechung, wahre Überraschung.

Ja, in Südafrika habe ich diese Auferweckungsenergie wirklich erlebt. Einer der eindrücklichsten Tage dafür war der 10. Mai 1994. In der Hauptstadt Pretoria wurde Nelson Mandela zum Präsidenten vereidigt, zum ersten demokratisch gewählten schwarzen Präsidenten. Tausende von Menschen waren da und feierten mit. Und dann betrat Bischof Tutu die Bühne. Klein, in lilafarbenem Talar, mit strahlendem Gesicht. Er sprach ein Gebet, feierlich, glücklich, erschöpft und doch auch neugierig, mit Erwartungen für die Zukunft.

An diesem Tag wurde viel gesungen und getanzt, wir hörten verschiedene Chöre und Bands, es wurden Gedichte vorgetragen. Am Himmel flogen die Polizeihubschrauber − eigentlich ein unheimliches Geräusch, wenn man erlebt hatte, wie sie als Waffe eingesetzt worden waren, aber an diesem Tag zogen sie bunte Wolken am Hinmmel entlang, in Farben und Form der neuen südafrikanischen Flagge. Alles war voller Frühling und Neuanfang. Aber am nächsten Tag ging der Alltag weiter und die meisten Festgäste gingen zurück in ihre schwarzen Townships − Häuser ohne Strom, Schulen ohne Stühle und Fenster,

Familien ohne Väter. Und damit begann die Herausforderung Zukunft. Und die Aufarbeitung der Vergangenheit.

Bischof Tutu hat sie sich wie kein anderer zur Aufgabe gemacht. Als Widerstandskämpfer war er eine der Persönlichkeiten gewesen, die die Veränderung des Landes mitbewirkten; als Leiter der »Kommission für Wahrheit und Versöhnung« wurde er jetzt zu einer Symbolfigur für das Verzeihen. Seine Fragen waren unbequem für die Täterinnen und Täter, aber am Ende sollte sich herausstellen, dass es für beide, Täter und Opfer, heilsam war, die Verbrechen beim Namen zu nennen. So konnten die Menschen Südafrikas lernen, einander wieder in die Augen zu sehen und um Entschuldigung zu bitten. So konnte Südafrika lernen, zu vergeben. Tutu deckte Wunden auf, und er konnte es, weil er von seinem Gott Heilung erwartete. Leah Nomalizo war immer um ihn herum, blieb an seiner Seite, stärkte ihm den Rücken, stellte sich schützend vor ihn. Man spürt dieser Frau bis heute die tiefe Gewissheit ab, dass sie, sollte sie noch einmal gezwungen sein, sich so für ihren Mann entscheiden zu müssen, es genau so wieder tun würde. Auch wenn es wieder Lebensgefahr mit sich brächte. Sie sah sich immer getragen von der jesuanischen Hoffnung, dass die Liebe sogar stärker ist als der Tod.

Neela Marikkar und die Menschenkette

Ich habe jetzt jahrelang Krieg in meiner Heimat Sri Lanka erlebt. Ich habe manches Mal Angst gehabt, aber da ich im Süden des Landes lebe, war der Krieg mir nicht täglich nah wie anderen. Aber an einem Punkt kam der Krieg in mein Leben und dieser Tag änderte alles für mich: Der internationale Flughafen wurde von Terroristen angegriffen. Ich war mit einem Mal damit konfrontiert, dass mein größter Kunde, Sri Lankan Airlines, enormen Schaden erlebt hatte. Aber das half mir auch, mich zu konzentrieren. Ich sah, dass die Folgen für unser Land verheerend sein würden, denn jetzt wurde überall gesagt, Sri Lanka sei ein Land mit hohem Risiko.

Ja, jedes Flugzeug, jeder Passagier, jedes Schiff, das anlegen wollte, musste mit einem Mal mehr Geld bezahlen. Für den Tourismus, unsere Schlüsselwirtschaft, bedeutete es den totalen Einbruch. Für den Export von Tee ebenfalls. Für den Import von Nahrungsmitteln auch. Das war die Situation.

Während die Medien weltweit bekannt gaben, wie gefährlich es in Sri Lanka war, begann ich, mich in einer Gruppe von Menschen zu engagieren, die unmittelbar von diesen Konsequenzen des Terrors betroffen war. Dabei merkte ich, dass es hier nicht um Sicherheitsfragen ging. Ein hoher Zaun, mehr bewaffnete Sicherheitskräfte wären nicht die Antwort. Wir mussten an die Wurzel des Problems gehen, und ich wusste, der einzige Weg, diesen Bürgerkrieg zu stoppen, wäre, an den Verhandlungstisch zurückzukehren. Ich tat alles dafür, andere Führungspersönlichkeiten aus der Wirtschaft zu gewinnen. Wir wussten, noch so ein Angriff würde unsere Wirtschaft zusammenbrechen lassen, niemand hätte mehr einen Job; die Lage war wirklich ernst!

Der 24. Juli war so etwas wie ein Weckruf gewesen, jetzt war es an der Zeit, uns einzusetzen und Druck auf unsere Politikerinnen und Politiker auszuüben, damit sie im Sinne unseres Landes handelten. Wir nannten unsere Gruppe »Sri Lanka First« und wollten damit ausdrücken, dass unsere Heimat an erster Stelle stehen sollte, nicht unsere Unternehmen oder eigene Interessen. Wir brauchten eine wirksame Aktion, die Aufsehen erregen würde, die den Regierenden klarmachen würde, was die Wählerinnen und Wähler wollten. Wir wussten, dass wir die Unterstützung der Bevölkerung hatten, und waren überzeugt, dass die »einfachen Leute« den Friedensprozess befürworten würden, wenn sie sich klarmachten, was für ein enormer Schaden, wirtschaftlich und emotional, zwanzig Jahre Bürgerkrieg angerichtet hatten.

Also initiierten wir eine Aktion, nutzen die Medien, Zeitungen, Radio, Fernsehen, im Süden und Norden, Poster, Flugblätter, beriefen kleine Treffen in den Dörfern ein. Wir wollten die Menschen über die Kosten dieses Krieges aufklären. Der Höhepunkt unserer Kampagne war eine friedliche Demonstration. Wir hatten bekannt gegeben, dass wir am 19. September um die Mittagszeit eine Menschenkette bilden würden und dass wir den Frieden wollten. Es war ein Experiment. Ich wachte am Morgen dieses Tages auf und mein erster Gedanke war: »Was, wenn niemand kommt?« (Neela Marikkar)

Viertel vor eins. Sie verlässt das Bürogebäude, eine attraktive, kleine, schlanke Frau. In ihrem schicken Business-Kostüm beginnt sie hier draußen, ohne Klimaanlage, sofort zu schwitzen. Mit einem weißen Taschentuch wischt sie sich flüchtig über die Stirn und hastet dann weiter bis zur großen Kreuzung an der Hauptstraße. Außer Atem bleibt sie stehen. Ihr Blick geht die Straße entlang, aber es ist kein Mensch zu sehen, das ganze Viertel wirkt wie leer gefegt. Sie guckt auf ihre kleine goldene Armbanduhr. Noch zehn Minuten, denkt sie und fragt sich: »Bin ich etwa alleine? Das darf nicht wahr sein!« Mit einem Blick zum Himmel flüstert sie ein kurzes Gebet: »Herr, bitte! Hilf mir. Ich flehe dich an. Lass nicht zu, dass alles umsonst war.« Fünf vor eins.

Es ist der 19. September 2001. Sri Lanka erlebt seit langer

Zeit Unruhen und immer wieder auch Konflikte, die eskalieren und in Gewalt münden; eigentlich muss man von Bürgerkrieg sprechen. Für Punkt ein Uhr hat eine Friedensinitiative zu einem »Stand for Peace« eingeladen, um die politisch Verantwortlichen zu drängen, endlich in Verhandlungen einzusteigen und einen Friedensprozess voranzutreiben. Drei vor eins.

Neela zwingt sich zur Ruhe. Sie denkt an ihren Mann. Mit ihm hat alles angefangen. Um ihre Liebe zu retten, hatte sie sich vor einigen Jahren gefragt, wie eigentlich Friede entstehen kann zwischen zwei zerstrittenen Parteien, und sie beide hatten ein Wunder erlebt: Der Verzicht auf Rechthaberei und Aggressionen, ein neues Vertrauen in die Gütekraft hatten dazu geführt, dass sie echten Frieden und eine bis dahin ungekannte Verbundenheit erlebten. Eins vor eins. »Gott, bitte!«

Neela schießen Tränen in die Augen, als sich in diesem Moment ein paar Türen der Bürohäuser öffnen und nach und nach einige Menschen zu ihr auf die Straße kommen. Zuerst sind es nur ein paar, dann werden es mehr und dann plötzlich strömen die Menschen aus allen Richtungen zusammen. Sie bilden eine lange Reihe. Es ist kurz nach eins und Neela kann jetzt weder den Anfang noch das Ende der Kette sehen.

Am Abend wird in den Nachrichten bekannt gegeben, dass am 19. September 2001 kurz nach ein Uhr eine Million Menschen in Sri Lanka ihre Häuser und Büros verließen, um eine Menschenkette zu bilden für den Frieden. Damit demonstrierten sie ihrer Regierung ihren Aufruf, einander die Hand zu reichen. Neela sagt es so: »Wir müssen bei uns persönlich beginnen und Frieden stiften, so dass durch unsere eigene Veränderung weitere, weit größere Veränderungen entstehen können.«

»Was, wenn niemand kommt?«, hatte ich mich am Morgen gefragt. Das war eine Sorge gewesen. Und, weil die Terrorangriffe des 11. September gerade erst eine Woche zurücklagen, kam eine weitere Sorge dazu: Würden uns die Medien nicht angreifen, würde nicht die ganze Welt sagen, dass wir den Terroris-

mus bekriegen müssen? Und da kamen wir und sagten: »Nein, wir wollen reden! Lasst uns versuchen, es mit Verhandlungen zu lösen. Lasst uns diesen Krieg nicht weiter fortsetzen.« Aber wir atmeten einmal tief durch und fuhren mit unserer Kampagne fort.

Als später bekannt wurde, dass bei einer Bevölkerung von achtzehn Millionen mehr als eine Million auf die Straße gekommen war, war das einfach nur ein erstaunliches Zeichen der Bestätigung. Es machte klar, dass unser Land wirklich Frieden wollte. Und es war so einfach: Komm aus deinem Büro, deinem Haus; du musst nicht mal ein Plakat hochhalten. Zeig dich einfach und sei dabei!

Die Geschichte von Neela Marikkar, Christin, Geschäftsfrau und Friedensbotin, habe ich über eine meiner besten Freundinnen kennengelernt, die mir ganz beseelt vom Mut dieser Schwester aus Sri Lanka erzählte. Der große Glaubenssatz, dass Gott in diese Welt gekommen ist, bedeutet, dass er nicht nur in unsere Seelen und Gedanken oder in unsere Gebetshäuser kam, sondern wahrhaft in diese Welt, diese wunderschöne und gleichzeitig so zerstörte, traurige Welt. Und dieser alte Satz bedeutet, dass diese Welt einen Geist braucht, der erneuert, Kraft gibt und heilig ist. Ich glaube tatsächlich, dass die Seelenarbeit im Kleinen übt, was wir im Großen in der Arbeit für Frieden verwirklichen sollen. Es fängt immer bei uns an und dann sollten wir es nicht für uns behalten, sondern weiterschenken. Neela hat das überzeugend getan und braucht Kraft, dem Prinzip der Gütekraft weiter zu vertrauen. Die Lage in Sri Lanka ist weiterhin sehr angespannt. Ich wünsche Neela von Herzen, dass sie erlebt, dass Verhandlungen zum Frieden führen.

»Mein Engagement für ›Sri Lanka First‹ ist eine große persönliche Herausforderung für mich. Tagsüber leite ich eine der größten Marketingagenturen des Landes, nachts arbeite ich für den Frieden. Als Ehefrau und Mutter ist es nicht leicht, auch angemessen Zeit für meine Familie zu haben. Aber diese Erfah-

rung war so unglaublich erfüllend, ich habe so erstaunliche Menschen kennengelernt, mein Leben ist reicher und mein Herz weicher. Ich danke Gott für diese Gelegenheit, für Frieden und Versöhnung zu arbeiten, und bin so dankbar, dass ich einen kleinen Beitrag leisten konnte, um einen friedlichen Weg zu finden in diesem zerstörerischen Krieg.«[4]

---

4 Die Texte von Neela Marikkar entstammen dem Buch: Stop the Next War Now. Effective Responses to Violence And Terrorism. Hrsg. von Medea Benjamin und Jodie Evans. Makawao (USA) 2005, S.93f. Deutsch von Christina Brudereck.

Klara, Assisi, Franz
und das Leben als Nonne

Unendliche Sehnsucht kann nur
mit Unendlichkeit gestillt werden.

Klara lebte an der Schwelle vom 12. zum 13. Jahrhundert als Tochter einer wohlhabenden Familie in Assisi. Wie wohl jeder zu dieser Zeit an diesem Ort bekam sie mit, dass ein gewisser Franziskus, Sohn eines bekannten Tuchmachers, nicht mehr für Pferde, Partys und Klamotten schwärmte, sondern sich neuerdings wie ein Bettler aufführte, alte Kapellen wieder aufbaute, mit den Vögeln sprach, die Sonne seine Schwester nannte und das Feuer seinen Bruder, sein Leben mit Gleichgesinnten teilte, Leprakranke in seine Runde einlud und ganz beseelt von der Wirklichkeit der Liebe Gottes sprach.

Auch auf Klara, ein junges Mädchen, übte er eine große Faszination aus, denn er wirkte frei und glücklich und schien zu wissen, wofür er lebte. Sie beobachtete ihn aus der Ferne, sah, dass sich allmählich eine immer größere Gemeinschaft um ihn herum bildete. Auch wenn die nur aus Männern bestand, wagte sie es eines Tages, ihrer Sehnsucht nach diesem Leben zu folgen, verließ ihr adeliges Elternhaus und machte sich auf den Weg zu Franz. Ihre Bitte, dazugehören zu dürfen, hat die Brüder sicherlich irgendwie irritiert. Es ist eben eines, Sonne, Vögel und Blumen seine Schwestern zu nennen – aber eine echte Frau? Franziskus nahm sie in die Gemeinschaft auf. Ob sie sich mehr erhofft hatte, als dann tatsächlich möglich wurde? Wir wissen es nicht, es liest sich aus der Ferne aber so. Franziskus fand den Lebensstil der wandernden Bettelprediger unpassend für das junge Mädchen. Klara gründete ihren eigenen Orden, eine Frauengemeinschaft, die sich in ihren Prinzipien stark an die Ideale von Franziskus anlehnte, stellte eine Ordensregel auf und kämpfte erfolgreich für deren kirchliche Anerkennung. Auch ihre Mutter Ortolana und zwei ihrer Schwestern, Agnese und Beatrice, traten später dem Orden bei.

Klara prägte die Armutsbewegung ihres Jahrhunderts entscheidend mit. Wenn ich ihre Geschichte lese, denke ich an Einsamkeit, Einkehr und Eigensinn. Freiwilliger Verzicht prägte ihr Leben ebenso wie Kontemplation. Klara hielt sich in der Nähe von Franz und mehrere Legenden erzählen über diese besondere Beziehung.

Legenden sind Geschichten, die sich vielleicht nicht ganz genau so zugetragen haben, die aber doch in jedem Fall eine tiefe Wahrheit vermitteln. Eine Legende berichtet Folgendes: Nach langer Trennung wollten sich Klara und Franz endlich einmal wiedersehen und vereinbarten dazu einen Treffpunkt in einem Tal bei Assisi. Als beide aus entgegengesetzten Richtungen dort ankommen, merken sie, dass sich der Bach auf dem Grund des Tals nach der Schneeschmelze zu einem reißenden Fluss entwickelt hat. Klara steht auf der einen, Franz auf der anderen Seite, zwischen ihnen ist das tiefe Wasser, das sie trennt. Klara bitte Franz, zu ihr herüberzukommen, aber er lehnt ab und meint, es sei zu gefährlich. Stattdessen schlägt er vor, eine Brücke zu suchen. Doch auch nach langem Suchen können sie keine Brücke finden. Franz will aufgeben und meint, dass sie sich dann eben an diesem Tag nicht treffen können. Da wirft Klara einem inneren Impuls folgend mit Schwung ihren Mantel auf das Wasser, springt auf diese schwankende Brücke und gelangt so auf die andere Seite.

Schmunzelnd denkt man, wenn man das liest: Manchmal muss man sich ausziehen, um sich näherzukommen. Und dahinter steckt ja eine große Wahrheit: Ich muss mich öffnen, meinen Schutz aufgeben. Ich muss riskieren, einen Moment lang nicht zu wissen, ob ich frieren werde, mich verletzlich mache, mich bloßstelle. Die Brücke zu einem anderen Menschen ist der Mantel, den ich ausziehe, die Liebe, die ich nicht für mich behalte, die Liebe, die ich von mir weggebe, die Liebe, die ich verschenke, die Liebe, die Nähe schafft.

Klara hält in dieser Begegnung das Wunder für möglich. Sie muss eine besondere Liebe für Franz empfunden haben. Manchmal denke ich, dass sie sicher gerne mit ihm und den anderen durch die Gegend gezogen wäre, bettelnd, singend, predigend, unter freiem Himmel, ohne Dach und Haus. Aber das war für eine Frau damals wohl nicht zu verwirklichen. So lebt sie in Gemeinschaft mit den anderen Schwestern, oft alleine, aber gestärkt von anderen Mitkämpferinnen.

Mit Agnes von Böhmen verbindet Klara eine enge Freundschaft, sie nennt sie zärtlich »Hälfte meiner Seele«. Agnes, eine weitere Schülerin von Franziskus, Tochter des böhmischen Königs, Cousine der großen Elisabeth von Thüringen, war schon als Mädchen zweimal aus Staatsgründen verlobt worden, ließ sich aber weder aus politischen noch aus anderen Motiven verheiraten. Stattdessen mischte sie sich in die »staatsmännischen« Streitigkeiten ein, wurde Vermittlerin, politische Ratgeberin, Friedensfrau. Aber vor allem war sie eine Beterin, Ordensgründerin, Mystikerin. Sie lebte in Prag, freiwillig arm, engagiert für die Armen, Kranken, Sterbenden.

Ich plädiere, wie Sie diesem Buch unschwer anmerken, nicht dafür, aus dieser Welt zu fliehen. Menschen müssen sich in diese Welt einmischen. Aber gleichzeitig sollen wir uns dieser Welt nicht einfach anpassen und das tun, was alle tun oder was üblich ist.

Immer wieder gab es und gibt es Menschen wie Franz und Klara, wie Agnes, die in besonderen Gemeinschaften leben. Die Weltreligionen haben dieses Phänomen durch die Jahrhunderte hervorgerufen, das Christentum kannte es ebenfalls von Anfang an: In Orten am Rande der Welt, auch am Rande der offiziellen Kirche, entstanden Klöster, Ordensgemeinschaften, Kommunitäten, Einsiedeleien, Orte der Stille, des Gebets und der Meditation. Oft gingen und gehen spirituelle wie soziale Impulse von diesen Orten aus. Menschen leben hier gemeinsam nach anderen Gesetzen: besitzlos, machtlos, ehelos. Sie verzichten freiwillig auf die drei großen Erfüllungen, die das Leben in der Welt ansonsten bietet: Geld, Einfluss und eine »eigene« Familie. Manchem, der in der Welt ganz aufgeht, glücklich oder nicht, mag so ein Lebensstil vollkommen fremd sein. Aber für zunehmend mehr Menschen wird er heute attraktiv; zumindest in einer Form, die man dann »Kloster auf Zeit« nennt. Menschen pilgern aus ihrer Welt in die Klöster, aus dem Lärm in die Stille, aus dem Alltag in eine Kapelle; aus dem Managen ins Loslassen, aus dem Gerede ins Schweigen, aus den Feinschmecker-Restaurants ins Fasten, aus Beziehungen in die Einsamkeit.

Was suchen sie hier? Was ahnen, vermuten, erhoffen sie, hier zu finden? Bei den Besitzlosen, den Machtlosen, den Ehelosen? Den Mönchen und Nonnen, die sich Bruder und Schwester nennen? Bei denen, die sich bewusst entschieden haben, das aufzugeben, was diese Welt doch sonst ausmacht an Reichtum und Sicherheit, Ehre und Einfluss, Liebe und privatem Glück? Ich möchte sagen: Hinter diesem Ahnen steckt eine tiefe, gute, ja heilige Sehnsucht. Wir erleben, wie begrenzt diese Welt ist. Und dass unsere unendlich große Sehnsucht in ihr nie ganz erfüllt wird. Sie wird es immer nur für eine Zeit lang, unser Durst wird für einen Moment gestillt. Diese Momente sind kostbar, aber der Durst kehrt wieder. Wir sind ruhelos und wünschen uns Frieden. Diesen erfüllenden Frieden finden wir nur in dem Größten, was wir Menschen sagen können, in Gott, der einzig eben nicht endlich ist, sondern ewig.

Lady Liberty, die Symbole und die Namen

Wir brauchen Symbole und noch mehr brauchen wir die Werte, für die sie stehen, und noch mehr die Menschen, die diese Werte auch wahrhaftig verwirklichen.

Die amerikanische Freiheitsstatue, Lady Liberty, begrüßt im Hafen von New York alle Reisenden, Besucher und Heimkehrer, Einwanderer mit ihren Hoffnungen und Ängsten, Rückkehrende ebenso. Eine Statue, Geschenk Frankreichs an die USA, einst in 350 Einzelteile zerlegt angeliefert, mit einem Sockel von über einhundert Metern, 160 Tonnen schwer, aus Kupfer, das heute von einer grünen Patina überzogen ist. Lady Liberty steht auf den Ketten, die sie einst fesselten, hält in der einen Hand eine Fackel mit goldener Flamme, in der anderen eine Tafel mit dem Datum der amerikanischen Unabhängigkeitserklärung, auf dem Kopf eine siebenstrahlige Krone. Amerikanische und französische Bevölkerung finanzierten die Statue gemeinsam, unter anderem mit Benefiz-Veranstaltungen. Deutschland ist am Symbol der freien Welt mit achttausend Fässern Zement beteiligt. Am 28. Oktober 1886 wurde Lady Liberty eingeweiht. Sie ist ein weltberühmtes Symbol der Freiheit, wird in Amerika selbst und darüber hinaus geliebt, als Mahnerin in Anspruch genommen, auf Wahrhaftigkeit geprüft, auch als Heuchlerin kritisiert und immer wieder ironisch, liebevoll oder höhnisch karikiert.

Am Podest der Statue befindet sich eine Bronzetafel mit einem Gedicht der amerikanischen Jüdin Emma Lazarus, das eine große Einladung zur Freiheit ausspricht. Emma Lazarus schrieb eigene Gedichte, übersetzte aber auch Lyrik anderer jüdischer Autorinnen und Autoren und dank ihrer großen

Sprachbegabung auch italienische und deutsche Lyrik, unter anderem auch Gedichte von Goethe.

Was mich an andere Emmas erinnert. Ja, dieser Name löst eine Menge kleiner Assoziationen bei mir aus, ruft mir Gesichter und kleine Anekdoten vor Augen. Ich denke an Emma Thompson, die Oscar-Preisträgerin, Emma Goldman, eine herausragende Figur der frühen amerikanischen Friedensbewegung, an den Roman von Jane Austen, an die Lokomotive von Jim Knopf und Lukas, an eine deutsche Frauenzeitschrift, die europaweit das einzige politische Magazin in Frauenhand ist, und nicht zuletzt an die vielen kleinen Geschäfte, die sogenannten Tante-Emma-Läden — es gibt heute immer weniger davon, so wie es wohl auch immer weniger wahre »Tante Emmas« gibt.

Und meine Assoziationen wandern weiter. Allein nur der Name »Emma« kann wirklich Kopfkino bei mir auslösen. Ich denke an die kleine Emma Hoyer, ein Mädchen aus meiner Gemeinde, der ich wünsche, dass sie in einer Welt aufwachsen kann, in der es nicht nur große Symbole für die Freiheit gibt und oft zitierte Texte, Feiertage und Reden auf alte Erinnerungen, sondern eben das, wofür Liberty und der Name Emma für mich persönlich stehen: Selbstständigkeit, das eigene Leben zu gestalten, zu reisen und weiterzureisen, zu dichten und sich einen eigenen Reim auf das Leben zu machen, Freiheit. Wir brauchen Symbole und noch mehr als das brauchen wir die Werte, für die sie stehen und noch mehr als das Menschen, die sie wahrhaftig verwirklichen.

Eine berühmte Witwe
und ihre kleine Spende

Manchmal müssen wir beten, dass wir wütend werden.

Ich habe oft gesagt, dass der Mut mit der Wut beginnt. Mit Wut meine ich nicht die Aggression, die Gedanken oder gar Taten, die folgen, wenn man uns beleidigt hat. Ich meine damit in keinem Fall Rache, von der ich überzeugt bin, dass sie uns nicht zusteht. Ich meine Wut über Ungerechtigkeit, Erniedrigung und Gewalt. Zorn angesichts unseres Verhaltens, das die Verhältnisse in dieser Welt verursacht. »Lord, make me angry!« (Herr, mach mich wütend!) heißt es in einem Lied von Fernando Ortega, und damit singen wir betend, dass wir nicht gleichgültig sein wollen, nicht lau oder gar kalt gegenüber der Not. Aber es soll nicht beim Zorn bleiben, die Wut erfüllt keinen Selbstzweck. Die Wut ist der Beginn des Mutes, der Auslöser, der die Energie befreit und auf ein Ziel ausrichtet.

Eine Geschichte erzählt davon, dass Jesus wütend wurde und tobte. An einigen Stellen der Bibel wird berichtet, dass Jesus im Tempel mit Gelehrten diskutiert. Sie stellen ihm Fangfragen, wie es ihrer Art des Philosophierens entspricht, und er lässt sich offensichtlich gerne auf diese Art von Gespräch ein. Eines Tages aber wird er wütend. Er flippt aus, könnte man sagen. Warum? Liest man das einmal in den biblischen Texten in einem größeren Zusammenhang, merkt man, was Jesus so aufwühlt, ja, was ihm so wehtut. Auf den ersten Blick zunächst einmal das: Der Tempel, ursprünglich vor allem ein Ort der Gottesbegegnung, ist ein turbulentes Kaufhaus geworden, in dem die Marktschreier um die Wette eifern. Aber noch mehr reizt ihn zum Zorn.

Da wird zum Beispiel von einer kleinen Begegnung berichtet, die in etwa so passiert sein könnte: Eine Frau besucht den

Tempel. Sie kommt leise um die Ecke, unauffällig, aber nicht heimlich, denn sie weiß, was sie will. Sie geht zum Opferstock. Vor dem Holzkasten, in dem Spenden gesammelt werden, bleibt sie einen Augenblick lang stehen. Sie sieht nach oben, als würde sie beten, als hätte sie gerade wahrgenommen, dass jemand sie ruft, oder als würde der Flügel eines Engels sie berühren. Dann greift sie in die Tasche ihres Kleides. Ein kleines zusammengefaltetes Stückchen Stoff kommt zum Vorschein. Sie faltet es vorsichtig auf. In der Mitte liegt eine Münze, eine sehr kleine Münze. »Hihihi!« Sie hört ein spöttisches Kichern. Erschrocken sieht sie sich um und merkt, dass man sie beobachtet. Der Moment ist verflogen, als sei der Engel fort. »Hihihi!« Sie hört den Hohn und dreht ihm den Rücken zu, nimmt die Münze und wirft sie in den Opferkasten. Einen Moment lang bleibt sie noch stehen, atmet tief durch. »Wohin?«, fragt sie sich. Sie würde gerne noch bleiben, Gott sagen, wie ihr zumute ist, den Grund ihrer Traurigkeit und Angst offen vor ihm aussprechen, ihren Gefühlen auf den Grund gehen und Trost bei Gott finden. Aber es geht nicht, nicht hier. Und so geht sie, schweigend, verlässt den Tempel unter den hämischen Blicken der Umstehenden.

Oh ja. Jesus hat allen Grund zum Zorn. Die Bibel erwähnt, dass diese Frau eine Witwe ist – ein kleines Detail, doch eine wichtige Information. Denn der Besitz der Witwen, ihr Erbe, ging üblicherweise in den Besitz des Tempels über. Ein Grund dafür, dass der Tempelschatz über die Zeiten außerordentlich wachsen konnte, ein Grund dafür auch, dass die Witwen auf Almosen angewiesen waren oder auf das Erbarmen ihrer Familie. Der Tempel war zu einem System geworden, das den Armen Almosen gab, aber nicht mehr für Gerechtigkeit sorgte. Eine arme, ja arm gemachte (!) Witwe wirft einen Groschen in den Opferkasten und muss sich dabei die höhnischen Blicke von Reichen und Gelehrten gefallen lassen. Doch für Jesus ist klar: Das Gebet steht allen offen, man darf es nicht verschließen, niemanden ausschließen von dieser Erfahrung. Das Haus Gottes ist ein Ort der Gnade, und Gnade bedeutet Zugänglichkeit. Die Nähe Gottes kann nicht festgelegt werden und ist niemals gebunden an Ansehen, Reichtum, Einfluss, Geschlecht, Herkunft und Vergangenheit. »Ihr, die ihr den Tempel verwaltet«, sagt er, »habt aus einem Ort der Gnade eine Räuberhöhle gemacht, lasst euch Unbezahlbares bezahlen und unterdrückt die Schwachen.«

Jesus wendet sich gegen dieses System, weil es dem Wesen und Willen Gottes zuwider ist. Es muss ihn schwer getroffen haben, ihn, der eins war mit diesem Gott. Menschen auszuschließen oder gar auszubeuten, widersprach im Kern seinem Anliegen.

Vielleicht weil es um den Opferkasten geht, musste ich an Erfahrungen in Indien denken, an das Kastensystem, an Hindutempel. Einmal besuchte ich in Indien einen Tempel. Weil ich hellhäutig bin und helle Haare habe, durfte ich ganz nah an den Altar der Göttin herantreten, man drängte mich dorthin, ich wurde fast selber wie eine Göttin behandelt und angehimmelt. Ein sehr seltsames Gefühl war das.

Vor dem Tempel saß eine sehr dunkelhäutige Frau, die bettelte, um der Göttin etwas opfern zu können. Neben ihr lag ein Paar Krücken. Man erklärte mir, sie sei eine Frau, dunkelhäutig, krank – was ich alles selber sehen konnte. Dann erklärte man mir, was ich nicht sah (und was ich auch nicht glaube): Dass sie eine Frau ist, dunkelhäutig und krank, sei ihre Strafe für das, was sie in ihrem letzten Leben Böses getan habe, es sei ihr Karma. Das Rad der Wiedergeburt aber drehe sich ständig weiter und wenn sie nur ihr Schicksal erdulde, könne sie im nächsten Leben »aufsteigen«. Vielleicht hat sie Glück und wird als Mann wiedergeboren (was für eine Karriere!), vielleicht ist sie in der nächsten Runde hellhäutig oder gesund?

Karma hat keinen Platz für Wut. Zorn ist sinnlos, Erdulden ist gefragt, Aushalten wird belohnt. Und bevor wir uns darüber erheben, erinnern wir uns, dass auch die christliche Tradition ähnliche Motive kennt. »Nimm dein Kreuz auf dich!« – mit diesem Satz haben oft Mächtige die Ohnmächtigen kleingehalten, sie zum Dulden gezwungen, ihnen Lohn im Himmel versprochen. »Nimm dein Kreuz auf dich!« war zu oft nicht ein Satz, mit dem Menschen an ihre eigene Leidensbereitschaft appelliert haben (was es auch gab), sondern mit dem sie das Leiden anderer gerechtfertigt haben. Jesus, der Urheber und Erfüller dieser Worte, wird im Tempel wütend und bezieht damit Stellung gegen den Missbrauch der Macht. Er demonstriert seine Zugänglichkeit, als er die Witwe mit ihrer kleinen Spende anerkennt. Er sieht sie als Vorbild und verleiht ihr Würde. Die Geschichte ist eine Einladung zur Wut. Wut, die sich in heiligen Mut verwandeln kann, um selber für Gnade und Gerechtigkeit aufzustehen.

Willeke van Ammelrooy
und die Schürze von Antonia

Antonia hat Platz in ihrem großen Herzen. Deshalb finden viele
Platz an ihrem Tisch und in ihrem Haus.

Gibt es einen Film, den Sie immer wieder sehen könnten? Obwohl sie ihn schon zehn Mal, zwanzig Mal gesehen haben, die Dialoge mitsprechen können, wissen, was als Nächstes passiert, lachen und weinen Sie trotzdem jedes Mal? Obwohl Sie mittlerweile jede Einstellung kennen, zittern Sie doch jedes Mal wieder mit, wie es wohl ausgeht? Wenn ich »The Million Dollar Hotel« sehe, einen Film des deutschen Regisseurs Wim Wenders, geht es mir so. Diese Geschichte, bei der aus einer Gruppe von Verrückten eine Gemeinschaft wird, beflügelt mich immer wieder. Die zärtliche Kraft der Szenen und der Musik macht den Film zu meinem Lieblingsfilm. Er steht seit Jahren auf Platz eins meiner Hitliste.

Meine Lieblingsfigur allerdings kommt aus einem anderen Film: Willeke van Ammelrooy spielt die Titelrolle in »Antonias Welt«, einem Film der Niederländerin Marleen Gorris. Der Film aus dem Jahr 1995 gewann mehrere Auszeichnungen, unter anderem 1996 den begehrten Oscar in der Kategorie »Bester fremdsprachiger Film«. Ob es die schauspielerische Leistung von Willeke van Ammelrooy ist, die mich so berührt, oder der Charakter von Antonia oder die Geschichte selbst, kann ich gar nicht genau sagen; wahrscheinlich alles zusammen.

Willeke spielt Antonia jedenfalls großartig – man sieht schon ihrem Gesicht die ganze Geschichte an, die Stärke und den Eigensinn, die Großzügigkeit ihres weiten Herzens. Die Art, wie sie die Hände in die Hüften stemmt oder an der Schürze abtrocknet oder anderen damit zärtlich über die Wange streichelt, trägt schon die ganze Handlung des Films in sich. Wie ihr Blick über die Grenzen ihres Hofes hinausgeht, der wache und nachsichtige Blick einer reifen Frau, einer Witwe, Tochter, Mutter und Großmutter, Bäuerin, Nachbarin und Geliebten, einer Freundin, Ratgeberin, Retterin, Köchin und Gastgeberin.

Willeke van Ammelrooy gelingt es, Antonia als Mitspielerin in fünf Generationen von Frauen darzustellen: als Tochter ihrer sterbenden Mutter, als Mutter ihrer eigenen Tochter Danielle, als Großmutter der hochbegabten Enkelin Thérèse und als Urgroßmutter von deren Tochter Sarah, und sie scheint innerhalb des Films mitzualtern, zu reifen. Es ist nicht nur die Maskenbildnerin, die ihr so schöne stimmige Falten verleiht, sondern es ist auch ein Ausdruck in den Augen – als habe sie sich selbst gerne weiterentwickelt bei der Identifikation mit dieser Figur.

Die Geschichte, die Willeke spielt, verläuft so: Antonia und Danielle kehren, überraschend für die Dorfbevölkerung, am Ende des Zweiten Weltkriegs auf den Bauernhof von Antonias Eltern zurück. Die alte Mutter stirbt und die Erbin und ihre Tochter richten sich in dem rosafarbenen Bauernhaus gemütlich ein und beginnen die brachliegenden Felder wieder zu bewirtschaften. Im Dorf aber redet man schlecht über sie, die Witwe, die lange weg war, die unverheiratete Tochter, die beiden ungewöhnlichen Einzelgängerinnen. Antonia weiß mit den vielen Seitenhieben und Spitzen zu leben und beweist so nicht nur äußere, sondern auch innere, emotionale Unabhängigkeit – was den Dorfklatsch nur noch antreibt. Antonia ist gewitzt, wortgewandt und äußerst gastfrei. Denn neben denen, die lästern, verurteilen und misstrauisch beobachten, gibt es auch noch eine ganze Reihe anderer Leute, die, weil sie ebenfalls zu Außenseiterinnen und Außenseitern geworden sind oder gemacht wurden, bei Antonia Verständnis und Zuflucht finden.

Und das ist meine absolute Lieblingseinstellung: der große bunte Tisch im Garten des alten Gehöftes, schön gedeckt und reich gefüllt mit Tellern und Bechern, Brot, Butter, Salz und Marmelade, Suppe für alle. Rundherum sitzen sie: lauter kauzige, liebenswerte Originale.

Da sind die Russin Olga, Krummer Finger, der sonderliche Intellektuelle und Lippen Willem, der wegen seiner Behinderung im Dorf verspottet und gejagt wird. Als Antonia sich auf seine Seite schlägt, beginnt er sofort als Hilfsarbeiter auf ihrem Hof. Schon diese Besucher bringen Antonia im Dorf nur neuen Stress und Spott ein. Aber bald wird die Runde um den Tisch noch größer: Dede kommt dazu, die geistig behinderte Tochter eines reichen Bauern aus der Nachbarschaft, die von ihrem Bruder Pitte vergewaltigt wurde. Sie findet hier nicht nur Trost und Sicherheit, sondern unter Antonias Fürsorge verlieben sich Dede und Willem, heiraten und werden Eltern. Außerdem nimmt Antonia Letta und ihre Kinder auf und den jungen Priester, den Glaubenszweifel plagen. Auch diese beiden werden ein glückliches Paar. Als Antonia selbst eine zärtliche Freundschaft mit ihrem Nachbarn beginnt, füllt sich der Tisch so richtig, denn Bauer Sebastian, der im Dorf ebenfalls als schwarzes Schaf gilt, bringt fünf Söhne mit.

Gastfreundschaft. Wohl deshalb dichten wir den Wirt in jedes Krippenspiel hinein, weil wir ahnen, dass wir das Wichtigste verpassen, wenn wir nicht gastfrei sind. Aber wir sollen nicht nur zu besonderen Gelegenheiten gastfrei sein, zum Beispiel zu Weihnachten, sondern auch im Alltag. Meine Schwester Katharina sagte einmal: »Gastfreundschaft ist wie Demokratie. Sie findet nicht zu besonderen Gelegenheiten statt. Sie soll jede Sekunde geübt werden. Ob eine Gesellschaft gastfreundlich oder demokratisch ist, erkennst du nicht an besonderen Feiertagen, an Weihnachten oder am Tag der Bundestagswahl. Du liest es täglich in der Zeitung. Du hörst an ihrer Sprache. Du siehst es an ihrer Werbung.« Und unsere Gesellschaft hat ausgerechnet das Weihnachtsfest auf ein Familienfest reduziert, an dem man nichts Fremdes an sich heranlässt, sondern im engsten Familienkreis feiert! Im engsten ...

Angst haben die engen Dorfbewohner vor der gastfreien, weitherzigen und resoluten Antonia. Angst vor dem Fremden, dem Neuen, dem Anderen, dem Ungewöhnlichen. Und ihr großer Tisch füllt sich weiter. Mit Möhreneintopf und Spaghetti, Kaffee und Kuchen. (Erwähnte ich schon, dass ich nicht nur aus Essen komme, sondern gerne gutes Essen genieße?) Der Tisch füllt sich mit Menschen, die Zuflucht suchen und erleben, wie Gemeinschaft gestiftet wird, sie teilen Sorgen, feiern Erfolge, sie vertrauen und kämpfen füreinander. (Erwähnte ich schon, dass ich in einer Hausgemeinschaft lebe, mit Singles und Ehepaaren, Gästen, Menschen mit unterschiedlichen Berufen, gemeinsamer Küche, Kapelle, Ess- und Wohnzimmer?) Antonia hat Platz. Ihr Herz hat Platz und ihr Haus deshalb auch. Willeke van Ammelrooy verkörpert die wahrhaft schöne, runde Antonia formvollendet!

Ich werde Ihnen das Ende des Films wohl besser nicht verraten, denn vielleicht haben Sie ja Lust bekommen, ihn selber zu sehen. Nur zwei Warnungen muss ich noch loswerden. Die Geschichte wird noch einmal richtig düster. Danielle bringt ihre Tochter Thérèse zur Welt, will den Vater des Kindes aber nicht heiraten. Die Kleine ist ein Wunderkind, superschlau und aufgeweckt, ein Genie in Sachen Mathematik und Musik. Krummer Finger hat endlich ein ebenbürtiges Gegenüber gefunden und diskutiert mit ihr zum Beispiel über Schopenhauer. Aber Thérèse trifft auf Pitte, der einst Dede vergewaltigte und jetzt ins Dorf zurückgekehrt ist. Antonia jedenfalls beweist Größe in der Art, wie sie mit Schmerz und Demütigung umgeht. Die Geschichte geht weiter, schlimm, aber doch gut, da voller Würde.

Die zweite Warnung heißt: Einmal wurde ich bestürzt gefragt, wie ich nur einen so »unmoralischen« Film weiterempfehlen könne. Manches Verhalten in *Antonias Welt* ist mir fremd. Aber ich mag die Moral der Geschichte insgesamt. Und ich mag sehr, was sie über Doppelmoral weiß! Ich mag die Ehrlichkeit und die Großzügigkeit. Den teilweise makabren Humor und die Intuition der Frauen. Den Zusammenhalt der Generationen. Diese bunte Wohngemeinschaft. Die Melancholie und den Jubel. Und was wir über Fluch und Segen lernen. Und ich mag Willeke alias Antonia und ihre Schürze. Sie könnte sofort in jedem Krippenspiel mitspielen – und ich bin überzeugt, sie würde Jesus nicht im Stall unterbringen.

Virginia Woolf
und mein Zimmer für mich allein

Ich wünsche Ihnen, dass Sie Ihren Platz finden, ihn einnehmen und für andere Platz einräumen.

Meine Mutter hat mir beigebracht, mein Zimmer aufzuräumen. Wenn Sie selbst Kinder haben, wissen Sie, was für ein Kampf das sein kann. Ich meine: Dieser Kampf lohnt sich! Denn mit dem Zimmeraufräumen hat mir meine Mutter noch etwas ganz anderes, etwas von tiefer Bedeutung vermittelt: den Respekt davor, Platz zu haben. Die Würdigung der Erfahrung, Raum einnehmen zu dürfen. Die Achtung vor dem Privileg, ein Zuhause zu haben. Platz für mich allein. Platz für mich und andere.

Virginia Woolf wird 1882 in London geboren. Was man über ihre Jugend und Ausbildung lesen kann, erinnert mich an die »Bücherstunde« bei mir zu Hause. Ihr Vater und die Bücher der großen Bibliothek prägen ihre Erziehung. Im Unterschied zu Virginia durfte ich allerdings außerdem zur Schule gehen. Im Unterschied zu ihr hatte ich auch keine älteren Brüder, die allesamt beste Universitäten besuchen durften. Die kleine Schwester las Bücher und sie las sie alle kritisch. Wohl oft begeistert und eifrig, aber mit eigenen Ansprüchen und eigenem Geschmack und Stilempfinden. In Briefen teilte sie ihren Brüdern ihre Gedanken, Entdeckungen und Reflexionen mit und wurde, als sie nach dem Tod des Vaters das Elternhaus verlassen konnte, eine anerkannte Literaturkritikerin. Ihre eigenen Werke, allen voran ihr Glanzstück, der Roman *Mrs. Dalloway,* verzichten auf Aktion und Äußerlichkeit und konzentrieren sich darauf, einen Einblick in die Gedanken- und Empfindungswelt zu geben. *Mrs. Dalloway* vermittelt auf sehr eigene, ungewöhnliche Weise die Fülle innerer Überlegungen und Entwicklungen.

Noch mehr als die Romanautorin schätze ich die Essayistin Virginia Woolf. Zu ihrem Spezialthema »Frauen und Literatur« erscheint 1929 das kleine Büchlein *Ein Zimmer für sich allein*, das es wirklich in sich hat. Virginia Woolf beschreibt darin, was es für Frauen bedeuten könnte, ein eigenes Einkommen und ein eigenes, abschließbares Zimmer haben zu dürfen. Dieser Text der großen Schriftstellerin wurde ein Lieblingsbuch der Frauenbewegung und ist bis heute einer ihrer bedeutenden Klassiker. Ich verbinde mit diesem Buch seit Langem Wünsche und Gebete und möchte Ihnen, als meinen Leserinnen (und Lesern), damit ebenfalls gerne etwas zusprechen: Ich wünsche Ihnen, dass Sie Ihren Platz finden und einnehmen. Ich wünsche Ihnen, dass sie Orte haben, an die Sie sich zurückziehen können. Ich wünsche Ihnen, dass Sie Platz als ein Privileg zu schätzen verstehen und dass Sie Ihren Platz nutzen, um kreativ zu sein. Dass Sie Ihren Platz mit anderen teilen, gastfrei sind und die Menschen, die Sie besuchen, gerne beschenken. Ich wünsche Ihnen, dass sie anderen Platz einräumen können und Ihr Zimmer und Ihre Freiheit die Freiheit vieler bereichert.

Helen Keller
und die unausgesprochenen Fragen

Die besten und schönsten Dinge auf der Welt kann man weder sehen noch hören. Man muss sie mit dem Herzen fühlen.
(Helen Keller)

Schon die Eckdaten dieser Lebensgeschichte verlangen Respekt: Sie war Amerikanerin und Sozialistin, sie hielt Vorträge, stritt für die Rechte der Schwarzen, brachte damit ihre ganze Familie gegen sich auf, lernte Fremdsprachen, Französisch, Italienisch und Deutsch, machte ihren BA-Abschluss mit dem allerbesten Prädikat »summa cum laude«, schrieb mehrere Bücher und bekam die Ehrendoktorwürde der Universität Harvard verliehen. Ja, das ist alles sehr beeindruckend.

Aber nun kommt noch eine kleine Information. Und schon liest man diese Daten anders: Helen Keller war taub *und* blind. Schon mit anderthalb Jahren war sie ein taubblindes Kind. Und trotzdem: Sie lernte und lernte so viel, dass es alle in ihrer Umgebung in Erstaunen versetzte. Mit Hilfe einer weiteren bemerkenswerten Frau, Anne Sullivan Macy, damals gerade selbst einmal 21 Jahre alt, lernte Helen Keller das Lernen. Ohne hören zu können, ohne sehen zu können, ohne sprechen zu können. Es begann so: Anne legte Helen einen Gegenstand in die eine Hand und buchstabierte ihr dessen Namen gleichzeitig in die andere, freie Handfläche. Helen, wach, neugierig und fix wie sie war, verstand den Zusammenhang zwischen Gegenstand und Zeichenberührung ziemlich schnell. Anne fingerbuchstabierte und Helen »las« und lernte so »zu sprechen«. Schon als kleines Kind hatte sie eigenen Handzeichen entwickelt, um sich mitzuteilen, hatte aber frustriert aufgegeben, weil man sie nicht verstand. Jetzt blühte Helen auf! Später lernte sie, in Druckschrift zu schreiben, verstand es, Bücher mit bestimmter Druckprägung zu lesen und konnte Menschen, die ihre Zeichensprache nicht beherrschten, durch Befühlen der Mundbewegungen verstehen. Sie versuchte auch tapfer, sich sprechend zu äußern, was aber wohl immer mühsam für sie blieb.

»Summa cum laude!«, möchte ich Helen Keller zurufen, »du hast dein Leben mit Auszeichnung bestanden!« Du warst blind, aber du hast viel gesehen. Taub und hast viel verstanden. Fast stumm, aber hast wahrhaftig gesprochen.

Was würde eine Frau wie sie über *uns* sagen? Vielleicht das? »Sie konnten sehen, aber Sie waren blind. Sie konnten hören, aber waren taub. Sie konnten sprechen, wofür nutzten Sie Ihre Stimme?« Beim Lesen von Biografien bleiben oft diese Fragen an meinem Herzen hängen. Diese Fragen einer Taubstummen nach dem Hinhören, Wegsehen und Aussprechen machen mich einen Moment lang stumm. Aber genau das ist falsch! Etwas in mir wehrt sich. Als würde Helen Keller mir gegenüberstehen und mir ein Versprechen abnehmen: Ja, versprochen, Helen, möchte ich sagen. Ich werde hingucken, hinhören und ich werde reden.

Rosa Parks —
und es ist noch immer ein Platz frei

Sitzen bleiben kann jede/r.

Rosa Parks, geboren 1913 in den USA, sogenannte Afroamerikanerin, nahm täglich den Bus in Montgomery. Am 1. Dezember 1955 kam sie, eine Frau Mitte vierzig, wieder einmal müde von der Arbeit. Sie setzte sich hin. Nicht vorne, denn die vorderen Reihen waren für die wenigen Weißen reserviert, die den Bus nahmen. Aber auch nicht hinten, wo schon eine ganze Reihe von Schwarzen saßen. Sie nahm in der Mitte Platz, absichtlich oder unabsichtlich, das werden wir nicht mehr erfahren, die Historiker(innen) streiten sich. Damit saß sie in einer jener Reihen, die so lange von Schwarzen benutzt werden durften, wie kein Weißer sie für sich beanspruchte. Wenn dieser Fall eintrat, dann allerdings war die ganze Reihe zu räumen. Diese Idee nennt man »Rassentrennung«. Gesonderte Schulen, Parkbänke nur für Weiße, Parkbänke für Schwarze, getrennte Restaurants, Kirchen, öffentliche Toiletten.

An diesem Tag war Rosa Parks müde. Nicht nur von ihrer Arbeit als Näherin, nicht nur von ihrem zweiten ehrenamtlichen Job im Büro der Bürgerrechtsbewegung, sie war es müde, sich als Schwarze mies behandeln zu lassen. Und als ein Weißer kam und mit einem kurzen Kopfnicken verlangte, sie solle den Platz, ja die Reihe räumen, weigerte sie sich und blieb sitzen. Stand für einen Moment die Zeit still? Weil hier etwas Neues geboren wurde? Hatte sie es geplant? Gehofft, dass diese Gelegenheit kommen würde? Hatte sie Angst? War ihr klar, was ihre Weigerung für Konsequenzen haben würde? Hatte sie irgendeine Ahnung? Oder handelte sie spontan? Einem inneren Impuls folgend, dem sie einfach hatte nachgeben müssen?

Der Weiße wurde laut, diskutierte, beschwerte sich beim

Fahrer, der musste anhalten, konnte nicht weiterfahren, bis die Angelegenheit geklärt war. Rosa Parks blieb weiterhin sitzen. Die anderen Fahrgäste beobachteten die Szene. Ob der Weiße handgreiflich werden würde? Ob noch jemand auf sie einredete, versuchte, sie zurückzuhalten? (Mach keinen Unsinn, Rosa, das gibt Ärger.) Oder waren sie alle stolz auf die kleine Frau? Und feuerten sie heimlich an? (Halt durch!) Ob schon irgendjemand von ihnen ahnte, wie sehr dieser kleine Zwischenfall ihr Leben verändern würde? Der Busfahrer sah sich am Ende genötigt, die Polizei zu rufen, und Rosa Parks wurde verhaftet. Jetzt musste sie sitzen, die kleine Blume Rosa. Aber damit war die Angelegenheit nicht erledigt, sondern jetzt ging es erst so richtig los.

Ungefähr ein Drittel der Bewohner in Rosa Parks Heimatstadt Montgomery waren Schwarze. Und ungefähr elf Zwölftel aller, die Bus fuhren, waren Schwarze. In Solidarität mit Rosa Parks weigerten sie sich jetzt, die Busse zu nutzen. Nicht einige machten mit oder mehrere, sondern nahezu alle. Keiner von ihnen fuhr mehr mit dem Bus. Sie hebelten das System aus. Die Hauptkundschaft lief ab jetzt zu Fuß oder fuhr Fahrrad, und es wurde auf einmal klar, dass weiße Unternehmen auf ihre schwarzen Kundinnen und Kunden wirtschaftlich angewiesen waren. Der Boykott dauerte über ein Jahr lang! 381 Tage lang weigerten sich die Schwarzen in Montgomery Bus zu fahren und forderten, dass ihnen als Kunden dieselben Rechte eingeräumt würden wie den Weißen. Um die Boykottbewegung zu organisieren, zu verhandeln und zum Durchhalten zu ermutigen, wurde der junge Pastor Martin Luther King junior, der erst kurze Zeit vorher in die Stadt gezogen war, um Unterstützung gebeten. Diese Idee des Boykotts und gewaltlosen Widerstandes erregte weit über Montgomery hinaus Aufsehen, erst recht, als das Ganze am Ende mit einem Erfolg endete: Ab jetzt war jede Art von Rassentrennung in Bussen verboten!

Rosa Parks war sitzen geblieben und hatte damit eine Bewegung ausgelöst, eine der erfolgreichsten Aktionen der Bürger-

rechtsbewegung für die Gleichberechtigung der Schwarzen in
den USA. Die Bus-Boykott-Idee hatte die Kraft einer Initialzün-
dung, denn sie zeigte, dass man mit kleinen Zeichen, mit fried-
lichem Protest, mit Unnachgiebigkeit und Geschlossenheit viel
erreichen, ja Gesetze und Lebenswirklichkeit verändern kann.
Martin Luther King wurde der Sprecher dieser Bewegung und
gilt bis heute als einer der wichtigsten Vertreter im Kampf gegen die weltweite Unterdrückung der Schwarzen, für soziale
Gerechtigkeit und friedliche Konfliktlösungen. Er beschenkte
die Bürgerrechtsbewegung mit Worten, er verlieh ihr eine
Stimme, er propagierte die Methode der Gewaltlosigkeit und
bedachte, welcher Weg zu gehen sei. Er, der selbst geprägt war
von seinem baptistischen Elternhaus und von Gandhi, der
glaubte, dass Hass niemals mit Hass besiegt wird, sondern nur
mit Liebe, wurde drei Mal tätlich angegriffen, überlebte mindestens ein Bombenattentat und wurde mehr als dreißig Mal
inhaftiert. Am 4. April 1968 wurde er ermordet.

Immer wieder sagen Menschen, die seine Geschichte hören,
und besonders oft Frauen: »Ja, der konnte reden! Er war ein
Held, so etwas wie ein Prophet, eine wahre Führungspersönlichkeit. Er hat auch den Friedensnobelpreis bekommen.« Und
dann fühlen sie sich im Vergleich mit ihm oft sehr klein und
fragen: »Aber was kann ich denn schon tun?« Auch deshalb
lasse ich mich selber gerne an Rosa Parks erinnern. Denn ihre
Idee war klein, aber ausgesprochen wirkungsvoll. Und Redner
brauchen Aktive. Politisch Engagierte brauchen die Basis. Menschen brauchen einander.

Rosa Parks bleibt in Erinnerung. Sie blieb sitzen, das war
ihre Art von Aufstand. Sie brachte die Aktion ins Rollen, löste
eine Welle aus. Sie war wach und traf im richtigen Augenblick
die richtige Entscheidung. »Tu, was du kannst!«, sagt sie, das ist
ihr Erbe. Und ich füge hinzu: Sitzen bleiben kann jede/r.

Nicht nur vor mittlerweile über fünfzig Jahren damals in
Amerika in einem Bus, sondern heute und hier geht es darum,
den Moment zu verstehen, die Würde zu hüten, das richtige

Wort zu sagen: »Nein!« oder »Ja!« Immer noch geht es immer wieder darum, aufzustehen gegen ungerechtes Verhalten und andere damit mitzureißen, zu bewegen, zu gewinnen. Ja, sitzen bleiben, das kann wirklich jeder Mensch. Dafür braucht man nicht besonders schlau zu sein und nicht besonders schön. Man muss nicht besonders gut reden können, nicht besonders gut singen oder was auch immer einem Gehör verschafft. Dafür braucht man kein Geld und keine Macht. Und erstmal auch noch keine Gruppe von Leuten, die dich unterstützt. Dafür braucht man den Glauben an die eigene Würde, man braucht Wut, ein Gespür für den richtigen Moment, den Willen sich einzumischen und das Vertrauen, dass die Wut sich in Mut verwandelt, wenn es dann so weit ist.

Coretta Scott King
und die Kraft, weiterzumarschieren

Werdet niemals so wie die, die ihr bekämpft!
(Coretta Scott King)

Woher kommt die Kraft? Die Energie, weiterzumachen? Auch auf Gegner zuzugehen? Woher nehmen wir die Hoffnung, man könnte in dieser Welt den Hass und die Wut umwandeln in eine schöpferische Kraft? Warum stehen Sie morgens auf? Was nährt Ihren Lebenstraum? Zu was fühlen Sie sich berufen?

»Ich habe einen Traum, dass eines Tages meine vier kleinen Kinder in einer Nation leben werden, in dem sie nicht nach ihrer Hautfarbe, sondern nach ihrem Charakter beurteilt werden.« Diese weltberühmten Sätze sagt Martin Luther King im Sommer 1963. Aus dem Süden und Norden der USA sind 200 000 Menschen nach Washington gekommen. Sie versammeln sich vor dem Denkmal von Abraham Lincoln, dem Präsidenten, der für die Abschaffung der Sklaverei berühmt wurde. Stundenlang hören sie den Rednern der Bürgerrechtsbewegung zu. Keine Unruhe, keine Aggressionen sind zu spüren, in der Luft liegen Begeisterung, Aufbruchstimmung und Hoffnung. Es ist das Washington von John F. Kennedy, und viele erwarten zuversichtlich, dass dieser Präsident die Menschenrechte aller seiner Bürgerinnen und Bürger, weiß und schwarz, ernst nehmen wird.

Die Ermordung John F. Kennedys am 22. November 1963 ist ein Schock für die ganze Nation und ein schwerer Schlag für die Bürgerrechtsbewegung. Aber es geht trotzdem weiter. Martin Luther King erhält als Zeichen der Anerkennung und Ermutigung 1964 den Friedensnobelpreis. Er setzt sich dafür ein, dass neue Gesetze entstehen und dann auch Lebenswirklichkeit werden. Außerdem wendet er sich ab 1966 mehr und mehr gegen den Vietnamkrieg und wird im Weißen Haus zunehmend unbeliebt. Aber er ist überzeugt von dem Zusammenhang zwischen Rassismus, wirtschaftlicher Ausbeutung, Krieg und Militarismus und sagt offen, was er denkt.

Für den 4. April 1968 ist ein weiterer friedlicher Protestmarsch geplant. Tausende sind gekommen. Martin Luther King steht auf dem Balkon seines Hotelzimmers und spricht mit einem Musiker über das nächste Lied. Plötzlich fällt ein Schuss. Der schwarze Pastor, die Ikone der Bürgerrechtsbewegung, bricht zusammen. Eine Stunde später wird sein Tod bekannt gegeben. Wieder ein Mord. Wie soll es jetzt weitergehen?

Kaum etwas ist wohl schwieriger für uns, als die Herausforderung zur Veränderung anzunehmen, Veränderung also zuallererst überhaupt zu wünschen. Sie dann auch für möglich zu halten. Sie dann tatsächlich anzufangen. Und: sie schließlich auch durchzuhalten. Denn die Gewohnheitsenergie ist eine ausgesprochen starke Kraft und es braucht eine überzeugende Gegenenergie, um ihr zu entkommen. Oft ändert uns am allermeisten das, was wir nicht ändern können. Aber wie lernen wir, trotz der Veränderungen unseren Überzeugungen treu zu bleiben? Und wie lernen wir, uns trotz unserer Überzeugungen weiter zu verändern?

Am 8. April 1968 führt Coretta Scott King anstelle ihres Mannes den nächsten geplanten Protestmarsch an. Mehrere Tausend Menschen nehmen friedlich teil. Sie marschieren gegen die Diskriminierung der Schwarzen und für die Freiheit aller Menschen. Coretta singt tapfer *We shall overcome*, wir werden überwinden, aus zugeschnürter, voller Kehle. Vier Tage nach seiner Ermordung hat sie weitergemacht und viele, viele Jahre danach auch noch. Coretta Scott King, Frau und dann Witwe des berühmten Martin Luther King junior, hat in meinem Leben, besonders in den vergangenen Jahren, eine wichtige Rolle gespielt, obwohl ich sie persönlich leider gar nicht kannte. Es reichte schon, von ihr zu wissen. Coretta lehrt mich den Umgang mit Veränderung. Sie machte die einschneidende Erfahrung, plötzlich alleine, ohne ihren Mann, als Witwe dazustehen. Trotzdem blieb sie standhaft in ihrem Idealismus und gleichzeitig gelang es ihr, nicht hart zu werden. Sie hielt durch, ohne eisern zu werden. Sie ging weiter trotz Verlust und Einsamkeit. Trotz des Zorns auf die, die ihren Mann getötet hatten. Sie blieb ihm treu und ihren gemeinsamen Idealen, dem Kampf für die Gottesebenbildlichkeit und Gleichberechtigung aller Menschen, gleich ob schwarzer oder weißer Hautfarbe. Auch als bekannt wurde, dass ihr Mann sie wohl mit anderen Frauen betrogen hatte, und auch, als mit den Jahren klar wurde, dass ihr Mann und ihre Familie vom FBI beobachtet worden waren, auch als sechzehn geheime Abhöranlagen in seinen Büro- und Privaträumen gefunden wurden. Auch als ihr klar wurde, dass ihre vier Kinder und auch sie selbst in Gefahr gewesen waren. Sie ging weiter.

Weitergehen: immer wieder beschenkt werden, mit Gott rechnen und auch mit Gott ringen, lieben und geliebt werden und Lieblosigkeit erfahren, leben und überleben mit eigenen Schwächen, mit müden Gebeten, neben den Erfahrungen von Glück, Erfolg, Gemeinschaft auch mit Schmerz und Scheitern, Lücken, Vermissen, Betrug, Abschied, Tod, Brüchen und Einsamkeit, mit Vertrauen und Zweifeln. Woher kommt die Kraft?

Als Coretta am 30. Januar 2006 starb, bekam ich den ganzen Tag über Mails mit dieser Nachricht zugeschickt, aus allen Richtungen, aus Südafrika und vom Schreibtisch nebenan. Viele ahnten, dass mir ihr Tod nahegehen würde. Ich schrieb sofort: »Dort, wo sie jetzt ist, braucht es keine Protestmärsche mehr und *We shall overcome* wird nicht mehr gesungen mit Widerstand, sondern als gute Erinnerung an die gemeinsame Kraft.« Ich dachte auch: Coretta soll aus dem Leben gegangen sein? Sie ging doch immer so würdevoll! Sie marschierte immer so selbstbewusst und so friedlich. Sie ging nicht aus dem Leben, dachte ich, sie schritt aus dem einen Leben in ein anderes.

Ja, ich hatte so oft über ihren Mann gepredigt, seine Geschichte, seine Überzeugungen von Gerechtigkeit und Gewaltlosigkeit hatten mich sehr inspiriert – und dann war es Coretta, die mich wirklich überzeugt hat. Weil sie, wie es in beinahe jedem Nachruf in unterschiedlichen Worten, aber inhaltlich übereinstimmend zu lesen war, sanft und stark gleichzeitig war. Weil sie konsequent war und es auch blieb. Weil sie auch nach der Erfahrung von Gewalt weiter an die Gewaltlosigkeit glaubte und unermüdlich mahnte: »Werdet nicht wie die, die ihr bekämpft!« Weil sie eigene Akzente setzte und auf die Menschenrechtslage im Sudan aufmerksam machte, gegen Apartheid in Südafrika kämpfte, die Entschuldungskampagne für die armen Länder der Welt unterstützte, friedliche Konfliktlösungen und eine größere Wachsamkeit für das Thema Aids anmahnte.

Coretta Scott King lehrt mich das Weitergehen und den Umgang mit Veränderung. Ich glaube, dass sie sich so engagieren konnte, weil sie weit mehr sah als ihr eigenes Schicksal. Es gab ein größeres Thema in ihrem Leben als ihre eigene Situation. Sie erlebte, dass Gott eine größere Geschichte mit ihrem Leben erzählte. Etwas blieb unverändert: Auch der Mord an ihrem Mann konnte sie nicht davon abbringen, selber auf Gewalt zu verzichten. Auch der Betrug ihres Mannes konnte ihre Würde nicht zerstören. Auch das Verhalten mancher Sicherheitskräfte konnte sie nicht dazu bringen, auf etwas anderes zu setzen als auf die Geborgenheit göttlicher Zuneigung. Auch die immer neuen Konflikte, soziale und militärische, konnten ihr den Atem nicht nehmen, denn sie wusste von einem Geist, der wie ein frischer Wind so gründlich wie unsichtbar durch ihr Leben wehte, von einer heiligen Energie. Coretta, Schwester Mensch, mit viel Gott drin, fehlt mir mit einem besonderen Fehlen.

Arundhati Roy
und die entwaffnende Entrüstung

Liebe. Und lass dich lieben. Vergiss niemals deine eigene Bedeutung. Gewöhn dich nie an die unsagbare Gewalt, die Gemeinheit und Verzweiflung um dich herum. Such Freude und Schönheit noch an den dunkelsten Orten. Vereinfache nicht, was komplex ist und verkompliziere nicht, was einfach ist. Respektiere Stärke, aber nicht bloße Macht. Beobachte. Und versuche, zu verstehen. Guck nicht weg. Eine andere Welt ist möglich. Sie ist auf dem Weg. An einem stillen Tag kann ich sie atmen hören.
(Arundhati Roy)

Die großen dunklen Augen der Inderin Arundhati Roy scheinen den Schimmer von Tränen nicht mehr loszuwerden in diesen Tagen und sie wirkt traurig und hilflos. Arundhati Roy kämpft seit Jahrzehnten für die Rechte der Allerärmsten in Indien, wo das Gesicht der Armut oft dunkel ist, oft weiblich und oft sehr jung, bedroht von Überflutungen, Aids und Hunger. Arundhati, die als Schauspielerin, Drehbuch- und Bestsellerautorin bekannt wurde, nutzt ihre Popularität, um sich für die vielen unbekannten, ungesehenen, namenlosen Armen einzusetzen, und ist heute eine der bekanntesten Globalisierungskritikerinnen und Aktivistinnen. Manchmal, so sagte sie neulich in einem Interview, frage sie sich, ob es wirklich richtig sei, weiter auf dem Weg des gewaltlosen Widerstandes zu gehen, oder ob diese Methode am Ende nicht nur die Mächtigen schone, statt wirklich etwas zu bewirken. Dann aber schüttelte sie den Kopf, wie um den Gedanken zu verjagen. Dabei folgte die Kamera ihrem Blick zu ihren Füßen. Sie waren nackt, ohne Sandalen oder Schuhe. Sie wirkte auf mich, als sei ihre Seele barfuß unterwegs in dieser Welt. Ich bete für Arundhati. Ihre Wut, mit der sie die Macht entlarvt, Gewalt und Ignoranz, macht mir Mut. Mit ihren nackten Füßen zeigt sie mir, dass Ent-Rüstung bedeutet, sich selbst angreifbar zu machen und verletzlich.

Donata Wenders, Susan Sontag und das Ansehen von Fotos

Wie Waffen und Autos sind auch Kameras Spielzeuge, die süchtig machen. (Susan Sontag)

Die ersten Fotos von Donata Wenders, die ich überhaupt wahrgenommen habe, zeigen den japanischen Modedesigner Yōji Yamamoto. Diese Bilder, Schwarz-Weiß-Fotografien, offenbaren einen Künstler bei seiner Arbeit, vertieft, andächtig, hinter der Bühne bei einem Defilee. Seit ich diese zärtlich-aufmerksamen Bilder gesehen habe, stelle ich mir Jesus ein bisschen wie Yamamoto vor, wie einen feinen Asiaten, der mit Leidenschaft und Genauigkeit, mit sanfter Sorgfalt, behutsam und innig seiner Lebensberufung folgt. Ein Mann, ein Mensch, der mit dem, was er tut, anderen Würde verleiht. Jesus, ein Mode-Schöpfer – mit einer besonderen Anziehungskraft ...

Für eine ganze Reihe meiner Freundinnen, darunter nicht nur Kunstliebhaberinnen, ist der Fotoband *Islands of Silence*[5], eine aufwendig zusammengestellte, große Sammlung von Donata Wenders' Bildern, inzwischen zum inspirierenden Stöberbuch geworden. Und auch ich selbst kann, alleine oder mit anderen zusammen, stundenlang blättern, staunen, schweigen, mich in Details verlieren, mich zurücklehnen und einzelne dieser Bilder ausführlich betrachten, ohne ihrer müde zu werden.

Da ist zum Beispiel das Foto von dem kleinen Jungen in der Kirchenbank, ein Kind mit einer unglaublichen Brille mit kugelrunden Gläsern, der sich als Einziger auf seinem Platz umdreht und den Blick zur Rückseite der Kirche wendet. Als habe

---

5 Hustvedt/Gisbourne: *Donata. Islands of Silence.* München: Prestel, 2006.

nur er bemerkt, dass Jesus gerade durch die Hintertür den Raum betreten hat. Oder die Aufnahme von der kubanischen Putzfrau, die wie ein Schattenriss vor einem offenen Tor inniglich mit ihrem Schrubber tanzt. Und das Bild von den dreien, die eine Treppe hinaufsteigen, deren Stufen wie Wellen wirken oder wie aus Papier, als legten sie sich sanft unter die Füße dieses Trios, das zusammengehört und anscheinend nur gemeinsam diese Treppe hochkommt. Oder das Bild vom Säenden, das eine Hand zeigt, die Saatgut verteilt, und man weiß nicht, ist hier gezielter Wunsch am Werk oder wunderbare Absichtslosigkeit? Und wieder Yamamoto, diesmal versteckter, sein Gesicht wie frisch gefaltet, verborgen, als wüsste er ein Geheimnis. Und andere Künstlerinnen und Künstler wie Pina Bausch, Milla Jovovich und Michelangelo Antonioni. Gesichter, Augenblicke, die Persönlichkeiten ehren. Und die Füße, kleine vorsichtige Schritte einer Japanerin. Und die alten Hände, die eine Tasse bergen, man spürt die Wärme und möchte auch einmal beides kurz berühren, ja, nur kurz wenigstens. Und dann stundenlang zuhören, was ein Mensch mit solchen Händen wohl alles zu erzählen hat.

Für mich sind diese Bilder Momentaufnahmen des Heiligen. Wie der Titel es wünscht: Augenblicke wie Inseln, die einladen still zu werden und innezuhalten. Eine Fotografin geht nicht nur mit aufmerksamem Blick durch die Welt, sie hält Momente fest und erzählt damit Geschichten, vermittelt uns fremde Erfahrungen, bringt uns andere Menschen und Welten näher.

Ich gehe von hier aus weiter zu einer anderen Frau, die sich wohl wie keine zweite mit den Grenzen der Fotografie auseinandergesetzt hat: Susan Sontag. Inzwischen verstorben, hat Susan Sontag für mich ihr Leben lang etwas von einer Zwölfjährigen behalten. Ich hatte immer das Bild vor Augen, wie diese große Regisseurin und Essayistin als Zwölfjährige im Juli 1945 in einer Buchhandlung zufällig auf Fotos aus Bergen-Belsen und Dachau stieß und vollkommen geschockt war von dem, was sie da sehen musste und nie wieder vergessen konnte.

Haben Bilder die Macht, uns zum Handeln zu bewegen? Zum Mitleid? Zur Veränderung? Dieser Frage spürte Susan Sontag ihr Leben lang nach. Kritisch gegenüber ihrem eigenen Medium, dem Bild, warnte sie, dass wir gegenüber dem Leiden anderer abstumpfen, wenn wir es aus sicherem Abstand betrachten. Sie mahnte eindringlich: Wir sollen nicht meinen, dass wir den Krieg, den Hunger, die Gewalt bannen oder überwinden können, indem wir Bilder von ihnen betrachten. Nein, das Betrachten des Leidens anderer kann unsere Moral glätten, platt machen, als würden die Panzer über unsere Gewissen rollen.

Susan Sontag entdeckte: Oft ändert, was gezeigt wird, in Wirklichkeit nichts. Ja, dass wir von einem Bild aus einer Kriegs- oder Hungerregion betroffen sind, bedeutet noch lange nicht, dass wir etwas tun. Wir werden schnell zu Zuschauern, die passiv und voyeuristisch die Welt angucken. Abend für Abend werden die Aufnahmen von Terror und Horror zu uns gesendet, und wir müssen uns fragen, ob wir konsumieren oder fähig sind mitzuleiden. Ob wir die Nachrichten aus der Welt als Spektakel betrachten, als Unterhaltung oder als Wirklichkeit. Ob wir schon abgestumpft sind oder noch empfindsam. Ob wir uns noch beeindrucken lassen können.

»Kriege, von denen es keine Fotos gibt, werden vergessen«, meinte Susan und mahnte doch gleichzeitig, sich an den Krieg selbst zu erinnern und nicht nur an das Foto! Susan fordert uns mit ihrem Erbe bis heute dazu auf, von einer Zuschauerin zur Beteiligten zu werden, zu einer Betroffenen, letztendlich zu einer Aktivistin. »Bilder bleiben Appelle«, schrieb sie zum Beispiel, damals gerade zurück aus dem belagerten Sarajevo.

Gegen Ende ihres Lebens hat Susan Sontag anscheinend wieder etwas vom Vertrauen in ihre Kunstform und Arbeit zurückgewonnen und hielt es für möglich, dass Bilder mit ihrem Schockpotenzial uns »heimsuchen« können. Ein merkwürdiges deutsches Wort, dieses »heimsuchen« — als würde uns das Erschrecken über Gewalt und Grauen nach Hause holen. Auf den Grund unseres Gewissens oder unseres Herzens, wo wir berührt und bewegt werden, damit wir selber in Bewegung kommen. Oder zumindest nicht verdrängen, wozu Menschen fähig sind.[6]

Susan Sontag. Die hätte ich wirklich gerne einmal persönlich kennengelernt, die Frau, die in Sarajevo »Warten auf Godot« inszeniert. Ich hätte sie gerne einmal live erlebt, die Frau, die auf Frieden wartet und Theater macht zum Krieg. Ich hätte vielleicht einen Kaffee mit ihr getrunken, in ihrer Küche oder einem Café in New York. Sie einmal nur kurz in den Arm genommen. Ihr einen Blumenstrauß geschenkt, um ihr meine Achtung zu zeigen und meinen Dank.

So haben wir ihre Bilder, ihre Filme, dazu ihre Romane, ihre wunderbaren Texte. Eine Frau, die heißt wie der erste Tag der Woche, Sonntagsmenschenskind. Immer so verflixt schlau, manchmal wie vergeblich konsequent. Fotografin, die die Bilder selbst ebenso kritisch sah. Schriftstellerin, Drehbuchautorin, Lehrerin, Liebhaberin, New Yorkerin, Künstlerin, Mutter, Intellektuelle, Regisseurin, Essayistin, Kolumnistin. Krebskrank jahrzehntelang. Weit gereist, spontan, prominent, bühnenreif, prophetisch, stimmig. Ich nenne sie zärtlich und für immer Sonntagsmenschenskind.

Mit Susan Sontag verbinde ich noch eine kleine Erfahrung. Da gibt es eine Freundin, die denselben Vornamen wie sie hat. Ebenfalls wie Susan Sontag eine Wellenmähne auf dem Kopf. Ebenso wach. Aber diese zweite Susanne wirkt auf den ersten Blick nicht so sonntäglich, nicht chic gemacht, sondern irgendwie bescheidener, alltäglicher, immer vollkommen ungekünstelt. Aber wenn man noch einmal hinsieht, entdeckt man doch den Sonntag, die heilige Trotzkraft. Das dachte ich, als ich ihre Geschichte hörte, von ihrem beruflichen Erfolg in einem Männerjob, von ihrer Kinderlosigkeit, ihrem Engagement für das

---

6   Zum Weiterlesen: Susan Sontag: Das Leiden anderer betrachten. München, Zürich 2003.

Prinzip Sisterhood. Das dachte ich, als ihr Mann ihre nüchterne Gelassenheit als »kultivierte Normalität« beschrieb. Susanne bedeutet »Lilie« und das waren wohl Jesu Lieblingsblumen. Er machte sie zu Lehrerinnen und sagte: »Guckt sie euch an, diese Lilien, an ihnen könnt ihr sehen, was Sorglosigkeit bedeutet und wie wahrhaft schön das Gottvertrauen ist.« Susan und Susanne sind zwei beispielhafte Lilien. Stolze schöne Blumen.

Von Susan zurück zu Donata: Bilder haben die Macht, uns zu unterbrechen. Im Rauschen, im Lärm, in der Flut der Eindrücke, taucht zwischen den Wellen eine Insel der Stille auf, in den Wogen ein Moment der Güte und in der Menge ein Mensch, der Du sagt. Wenn wir so etwas erkennen, sind wir berührt. Wenn wir es in Bildern entdecken, merken wir, hier hat ein Mensch, eine Künstlerin, eine Fotografin, anderen Menschen Ansehen geschenkt. Ein liebevoller Blick hat einen Augenblick festgehalten, ohne den anderen einzusperren, sondern hat das gesichert, was wir Würde nennen. Und das zu tun hat nahezu etwas Göttliches.

Das erinnert mich an Becci, eine junge Frau, die meine Großmutter wohl als »krabetzig« bezeichnet hätte, eine Mischung aus beherzt, rege und frech, ein Wort, das mein Rechtschreibprüfprogramm nicht kennt (aber auch das passt zu Becci ...). Die junge Studentin begann neulich eine Predigt, indem sie die ersten Sätze der Bibel vortrug, und das klang in ihrer eigenen Übersetzung so: »Beim Beginn schuf Gott den Himmel und die Erde. Die Erde aber war Irrsal und Wirrsal. Finsternis über Urwirbels Antlitz. Braus Gottes schwingend über dem Antlitz der Wasser. Und Gott sprach: Licht werde! Und Licht ward.«

Dann sprach die krabetzige Becci über Gottes Gesicht. Bei Beginn blickt Gott der Erde in ihr gähnendes Gesicht. Die Erde ist leer, gähnend langweilig leer. Gott aber blickt bis auf den Grund und wird dann selbst zum Grund und Gründer des Lebens. Gott lässt tief blicken und sucht nach einem Gegenüber, blickt dem Chaos ins Gesicht, dem Tohuwabohu, dem Grauen, und blickt tiefer und findet hier einen neuen Grund für neues Leben. Ja, so sagte Becci überzeugt: Gott mag Gesichter! Gott schenkt Ansehen.

So wünschen wir mit einem alten Segen, Gott möge sein Antlitz über uns leuchten lassen. Ich bete es für Susan, Donata, Susanne, Becci, für mich und für Sie: Gottes Antlitz, sein antwortendes Gesicht möge uns alle ansehen.

Johanna Stein
und ihre Liebe zu Jochen Klepper

Ich lebe, um Gott zu erfahren. (Jochen Klepper)

Gleich in doppelter Hinsicht waren die Liebe und Ehe von Johanna und Jochen Klepper ein Skandal. Die Witwe Stein, geborene Gerstel, war dreizehn Jahre älter als ihr Mann. Gesellschaftlich akzeptiert ist so ein großer Altersunterschied eigentlich nur umgekehrt. Johanna und Jochen aber erlebten sich gegenseitig als Gegenüber auf Augenhöhe. Hinzu kam ein weit schwerwiegenderer Unterschied: Johanna war Jüdin, Jochen ein christlicher Theologe. Gemeinsam lebten sie in Deutschland, unter dem Regime der Nationalsozialisten.

Als jemand, die viel über Menschen und ihre Beziehung zu Gott nachdenkt, erscheinen mir alle diese Unterschiede als nahezu lächerlich klein. Was sind denn ein paar Jahre Altersunterschied? Uns Menschen steht nur eine begrenzte Zeit zur Verfügung, Gott dagegen ist ewig. Zwischen Gott und Mensch, zwischen Himmel und Erde liegt mehr als ein ganzes Universum. Gott ist das Größte, was wir als Menschen sagen können. Wenn mir ein Gegensatz unüberwindbar erscheint, dann dieser. Und da entgegnet das Vertrauen zu Jesus, dass genau dieser größte Unterschied, diese riesige Lücke überwunden ist. In einzigartiger Weise zeigt uns Jesus von Nazareth Gottes Nähe. Er geht nicht über uns hinweg, er schwebt nicht und stolziert nicht über diese Erde, sondern gräbt sich tief in sie ein. Er teilt unser Leben und ist darin so voller Liebe, so menschlich, dass es göttlich ist.

Genau diese Nähe Gottes hat Johanna Stein in ihrem Leben mehr und mehr entdeckt und sich der Christuskraft schließlich ganz anvertraut. Als es um sie herum immer dunkler und enger wurde, ergründete sie, was es bedeutet, von Gnade getragen zu werden. Jochen Klepper verlor, als er die Liebe fand, seine Arbeit. Kurz nach der Machtergreifung der Nazis im März 1933 kam es im Zuge einer sogenannten »Aktion wider den undeutschen Geist« zu einer systematischen Verfolgung jüdischer, marxistischer und pazifistischer Schriftstellerinnen und Schriftsteller. Höhepunkt waren die am 10. Mai 1933 groß inszenierten öffentlichen Bücherverbrennungen, bei denen Zehntausende Werke unliebsamer Autorinnen und Autoren ins Feuer geworfen wurden. Jochen Klepper, Schriftsteller, Theologe, Journalist, Lyriker, Dichter von Kirchenliedern, wurde gemieden, geschnitten, gehörte nicht mehr dazu. Mehrfach wurde er dazu aufgefordert, sich von seiner Frau zu trennen.

Das Paar muss unter der Ablehnung, die ihm zum Beispiel von Jochens Eltern und von Kleppers Kollegen entgegengebracht wurde, sehr gelitten haben. Doch haben die beiden selbst sich nie als »ungleiches Paar« empfunden, zu groß war ihre Vertrautheit. Jede Aufforderung an Jochen Klepper, doch an das eigene Leben und die Karriere zu denken, stärkte nur den Zusammenhalt der beiden. Dass sie schließlich den Freitod wählten, um der Deportation und dem sicheren Tod im KZ zu entkommen, vollendet ihre Geschichte. Manche verurteilen diesen letzten gemeinsamen Schritt als unmoralisch, manche nennen ihn feige. Ich meine, dass die pure Verzweiflung uns zum Mitleiden bewegt, und bin dankbar dafür, selbst noch nie solcher Seelennot ausgeliefert gewesen zu sein.

Die Texte von Jochen Klepper gehören für mich mit zum Stärksten, was deutsche Kirchenlyrik zu bieten hat. Gerade in den sprachlosen Zeiten haben seine starken Zeilen mir Worte geliehen, in denen ich mich bergen konnte. Und Johanna singt darin mit, die suchende Schwester, die eine Liebe fand, die für manchen nur eine Zumutung war, und darin eine größere Liebe, die von einem anderen Mut wusste, weit über dieses Leben hinaus.

Shirin Ebadi und der lange Atem

Lasst uns geduldig sein, wir haben keine andere Wahl.
(Shirin Ebadi)

Langen Atem braucht die Iranerin Shirin Ebadi, die sich seit Jahren für die Rechte der in ihrem Land unterdrückten Menschen einsetzt. Sie tut es, indem sie als Dozentin und Anwältin arbeitet. 1994 gründete sie die *Vereinigung zum Schutz der Kinder im Iran*. Für ihr Engagement wurde sie international mit mehreren Menschenrechtspreisen geehrt. Gleichzeitig wurde sie in ihrer Heimat wiederholt bedroht und wegen »Störung der öffentlichen Meinung« zu Haftstrafen und Berufsverbot verurteilt. 2003 wurde ihr der Friedensnobelpreis verliehen. Sie ist die einzige Muslimin, die bisher diese Auszeichnung erhalten hat.

Aung San Suu Kyi, die Haft
und die Wahrhaftigkeit

Das einzige echte Gefängnis ist die Angst. Und die einzige wahre Freiheit ist die Freiheit von Angst. (Aung San Suu Kyi)

Birma wird von einem totalitären Militärregime beherrscht. Die Menschenrechtslage ist katastrophal. Die Ausgaben für Militär und Polizei sind unfassbar hoch, dabei ist Birma eins der ärmsten Länder der Welt und steckt in einer humanitären Krise. Alle Freiheiten sind eingeschränkt: Pressefreiheit, Versammlungsfreiheit, Reisefreiheit, Religionsfreiheit — 1966 schon sind fast alle christlichen Organisationen ausgewiesen worden und viele Bildungseinrichtungen wurden geschlossen. Offensichtlich für alle im Land und in der übrigen Welt sorgt das Regime mit Unterdrückung und Gewalt dafür, dass die breite Bevölkerung nicht einmal die lebenswichtigen Grundbedürfnisse stillen kann. Man kann in Birma gezwungen werden, sein Dorf zu verlassen, und man kann zu unbezahlter Arbeit verpflichtet werden. Man kann für das Schreiben eines Gedichtes ins Gefängnis kommen, ohne Anspruch auf Verteidigung oder überhaupt einen Prozess. Man kann gefoltert und getötet werden von Polizei und Armee. Das Regime kann die Einreise verweigern, auch wenn eine Familie schon jahrhundertelang in Birma gelebt hat.

Aung San Suu Kyi kommt aus einer politisch engagierten Familie. Ihr Vater, Aung San, war Leiter der Befreiungsbewegung, er war ein Krieger, Soldat und Diplomat gleichermaßen, eine Persönlichkeit, und für gut ein Jahr war er auch Ministerpräsident. Aber dann wurde ein Attentat auf ihn verübt, mitten in einer Kabinettssitzung, und Birma musste plötzlich ohne ihn auskommen. Seine Geschichte aber hat viele weiterhin inspiriert, nicht zuletzt seine Tochter Aung San Suu Kyi. Ihre Mutter,

Khin Kyi, war ebenfalls eine bedeutende Persönlichkeit des politischen Lebens und vor allem in der Sozialpolitik engagiert. Später wurde sie Botschafterin ihres Landes in Indien, wo Aung San Suu Kyi aufgewachsen ist, bevor sie zum Studium nach England ging. Ihr Elternhaus und der Verlust ihres Vaters sollten sich als bedeutend für ihre eigene Entwicklung zeigen.

Aung San Suu Kyi wurde weit weg von zu Hause heimisch, heiratete einen Briten, bekam zwei Söhne, arbeitete für die UNO, aber sie beschäftigte sich gedanklich sehr viel mit der Geschichte ihres Landes und recherchierte die Lebensgeschichte ihres Vaters. Sie las außerdem die Schriften Gandhis. Seine Idee, aus der Bewegung für die Freiheit eine Massenbewegung zu machen und das ganze Volk zu beteiligen, und sein Weg der Gewaltlosigkeit überzeugten sie.

Als ihre Mutter eines Tages schwer krank wurde, beschloss sie, nach langer Zeit einmal wieder nach Birma zu reisen, um sie zu sehen. Genau zu dieser Zeit hatten die Studierenden zu Aufständen aufgerufen. Das traf Aung San Suu Kyi völlig unvorbereitet. Am 8. August 1988, für Birma wurde es einer der dunkelsten Tage der Geschichte, ging das Militär brutal gegen die Demonstrierenden vor, und viele Menschen wurden getötet. Einige Wochen danach hielt Aung San Suu Kyi ihre erste öffentliche Rede. Sie muss sehr beeindruckend gewesen sein, und mit ihren Äußerungen über Demokratie, Menschenrechte, Freiheit und Würde sprach sie vielen in Birma Hoffnung ins Herz.

Die Militärregierung aber versuchte, alle demokratischen Bestrebungen zu verhindern, und Aung San Suu Kyi wurde verhaftet und unter Hausarrest gestellt. Immer wieder. Bis heute – erst im Mai 2007 wurde die Strafe um ein weiteres Jahr verlängert.

Aung San Suu Kyi musste zwischen zwei Möglichkeiten wählen, und beide hatten ihren Preis. Man bot ihr die Ausreise an und sie wusste, man tat es, um sie loszuwerden. Sie konnte also entweder zu ihrer Familie nach England zurückgehen und damit riskieren, nie wieder oder lange nicht in Birma einreisen zu dürfen; oder sie blieb in Birma, riskierte damit aber, von ihrer Familie getrennt leben zu müssen, für längere Zeit oder für immer. Sie hat sich entschieden, in Birma zu bleiben. Auch, als ihr Mann schon schwer krank war und wusste, dass er an Krebs sterben würde, wurde seine Bitte, einreisen zu dürfen und sie noch einmal zu sehen, von den Militärs abgelehnt.

So wurde Aung San Suu Kyi die Führungspersönlichkeit der Demokratischen Bewegung, der Demokratischen Liga, wie die Partei heißt, die in dieser Zeit von ihr gegründet wurde, und sie wurde ein unerschütterliches Symbol für Würde und demokratische Rechte. Als 1990 auf internationalen Druck hin Wahlen in Birma stattfanden, konnte sie mit ihrer Partei über achtzig Prozent der Stimmen für sich gewinnen. Ein überwältigendes Ergebnis, das trotz seiner außergewöhnlichen Eindeutigkeit nicht anerkannt wurde. Im Gegenteil: Aung San Suu Kyi wurde wieder verhaftet und der Druck auf sie und die vielen anderen politisch Engagierten nahm weiter zu.

1991 wurde ihr für ihren unermüdlichen Einsatz für Demokratie und Menschenrechte und ihren gewaltlosen Widerstand gegen das Militärregime in Birma der Friedensnobelpreis verliehen. Ihre Söhne nahmen ihn für sie entgegen. Seitdem hat sie zehn der vergangenen sechzehn Jahre unter Hausarrest verbracht, allein, ohne Telefon, ohne Besuch, auch nicht zum Geburtstag. Regelmäßig pilgern aber Menschen zu ihrem Haus, Hunderte, und sie spricht zu ihnen, von einem Balkon ihres Hauses aus, und ermutigt sie, durchzuhalten, mit ihren Worten, ihrem Lachen und ihrem eigenen Beispiel.

Als am Jahresende 2004 das schwere Erdbeben im Indischen Ozean und die nachfolgenden Tsunamis die Küste entlang Verwüstungen angerichtet hatten, als im Mai 2008 ein schwerer Sturm das Land verwüstete, war die Militärregierung Birmas nicht bereit, internationale Hilfskräfte ins Land zu lassen. Sanitäter, Ärztinnen und Ärzte, Freiwillige standen teilweise bereits an der Grenze und bettelten nahezu, helfen zu dürfen. Aber sie wurden weggeschickt, mitsamt ihren Medikamenten, Plastikplanen und Trinkwasserfiltern, die die Bevölkerung so dringend benötigt hätte. Hilflos zusehen zu müssen, zu erleben, wie der eigene Protest nicht gehört wird, und trotzdem nicht aufzugeben, braucht eine unglaubliche Entschlossenheit und Herzensstärke. Suu Kyi hat sie. Hin und wieder durfte sie in den vergangenen Jahren Besuch empfangen, einen UNO-Abgesandten, einen Journalisten. Trotzdem wurde die große Bitte, den Hausarrest für sie endlich aufzuheben, auch in diesem Jahr wieder nicht erfüllt.

Aber während ich über sie schreibe, ist Birma wiederholt in den Nachrichten zu sehen. Auch wenn die Zensur die Medien behindert, erfüllt es viele mit Hoffnung, dass überhaupt Neuigkeiten über die Zustände in Birma nach außen dringen. Es bewegt sich etwas in Birma: Mönche und Nonnen demonstrieren gegen die Willkür im Land. Barfuß, aber unermüdlich.

Die Hoffnung lebendig zu halten, ist eine der größten Herausforderungen. Ich bewundere Aung San Suu Kyi vor allem ihres ungebrochenen Willens wegen. Ich selber wurde auf sie und die Menschenrechtslage aufmerksam, weil meine Lieblingsband U2 ihr anlässlich der Verleihung des Friedensnobelpreises ein Lied widmete und meine Gemeinde *e/motion* mir die Gelegenheit gab, über eben dieses Lied, *Walk on!*, zu predigen. Weiterzugehen, durchzuhalten bedeutet manchmal, in ein altes System zurückzukehren und es von innen her zu verändern. Manchmal bedeutet es, loszulassen und Neuland zu betreten. Als Menschen, die in dieser Welt Pilgerinnen und Pilger sind, leben wir immer wieder zwischen diesen beiden Entscheidungen.

Katharina von Bora
und gleichzeitig Frau Luther

Die Liebe trägt die Seele, wie die Füße den Leib tragen.
(Katharina von Siena)

Aung San Suu Kyi ist aus der Fremde in ihr Heimatland zurückgekehrt; Katharina von Bora hat den umgekehrten Weg gewählt, das Vertraute verlassen und absolutes Neuland betreten. Die eifrige Schülerin, die als Sechsjährige ihre Mutter verloren hatte und unter der Obhut von Nonnen aufgewachsen war, wurde schließlich selbst Nonne. Aber dann erlebte sie, wie ihre Klostergemeinschaft schwer beunruhigt wurde von den Neuerungen, die die Reformation auslöste. Martin Luther und die Bewegung des Protestantismus erschütterten sie, weckten ihre Neugier und brachten sie schließlich dazu, aus dem Kloster zu fliehen – in eine ungewisse Zukunft. Aus der Katholikin wurde eine Protestierende. Aus der Nonne eine Ehefrau, denn Katharina von Bora heiratete Martin Luther. Aus Schwester Katharina wurde die erste evangelische Pfarrfrau.

Frau Katharina Luther: Ehefrau, sechsfache Mutter. Großartige Gastgeberin, die ein Zuhause schuf nicht nur für ihre Familie, sondern für Lehrer, Studierende, Flüchtlinge, Kranke, sechs weitere Kinder, Neffen und Nichten und viele Gäste. Die mal im Kräutergarten zu finden war, dann im Waschhaus, auf den Feldern, im Weinberg, im Schweinestall, im Backhaus, am Fischteich, beim Bierbrauen, am Schreibtisch mit Bankkonten beschäftigt oder in Verhandlung mit dem Drucker. Täglich bewirtete sie vierzig Leute. Gleichzeitig beteiligte sich Katharina weiterhin an theologischen Diskussionen. Als eine, die Latein beherrschte und sich ausgesprochen gut in der Bibel auskannte, erwies sie sich als ebenbürtige Gesprächspartnerin. Ich meine: Man sollte diese Frau wirklich nicht einfach »die Frau von Lu-

ther« nennen oder »Lutherin«, denn damit sie diese Lebensauf-
gabe erfüllen konnte, musste sie ausgesprochen selbstbewusst
sein. Ob als Nonne, Ehefrau, Pfarrfrau, egal, in welchem Stand,
sie war vor allem eins: eigenständig.

Nicole und ein bisschen Frieden

Ein bisschen Frieden für diese Erde, auf der wir leben, ein bisschen Frieden, das wünsch ich mir ... (Nicole)

Am 24. April 1982 sang Nicole ein ziemlich kleines Lied und gewann damit für Deutschland den *Grand Prix Eurovision de la Chanson.* Ich bin wirklich keine Kennerin der Schlagermusik, ich höre sehr gerne Audrey Motaung, südafrikanischen Gospel, mit Opernstimme direkt ins Herz gesungen, oder U2 und mag die Texte, die Musik und Bono, der seine Stimme nicht nur zum Singen nutzt. Dazu kommt noch ein Mix aus Händel, Bach, Maria Callas, Tracy Chapman, Leonard Cohen, Kendall Payne, Johnny Cash, Alanis Morisette, Sting, Yusuf Islam, Labi Siffre, Sara Groves, Judy Bailey, Amy Grant und Gregorianik ... Also keine Schlagermusik. Aber ich freue mich, wenn der Friede Zustimmung findet und gewinnt, und sei es auch nur ein bisschen.

Magdalena Sophie Barat
und die eigene Liberté

Kann Gott mir schenken, was eine Frau sich wünscht? Die Mystikerinnen aller Zeiten behaupten es jedenfalls …

Wieder anders ist die Geschichte der Frau, die sich nicht nur entschied, als Nonne zu leben, sondern selbst einen neuen Orden gründete. Sophie Barat lebte in aufregenden Zeiten, mitten in dem Kampf um *liberté, egalité, fraternité*, ein zehnjähriges Mädchen in der Zeit der französischen Revolution.

Während um sie herum alle um Brüderlichkeit kämpfen, unterrichtet ihr großer Bruder Lois, Priester und Lehrer, sie heimlich in Latein, Literatur und Mathematik. Lois entkommt nur knapp der Guillotine und flieht mit Sophie nach Paris. So erlebt sie Brüderlichkeit als schützende Begleitung. Als um sie herum alle um Freiheit kämpfen, nimmt sich auch diese junge Frau die Freiheit, ihr Leben selbst zu gestalten. Sie beweist, dass sie selbstständig denken kann, lernt und lehrt. Dann sucht sie sich Gleichgesinnte und wählt einen ungewöhnlichen Lebensstil – sie zieht in eine Frauenkommune. Aus der vertrauten Gemeinschaft entwickelt sich ein Orden mit dem schönen Namen Sacré-Cœur, heiliges Herz. Sophie Barat erlebt ihre größte *liberté* darin, ihr Leben Gott zu weihen. Sie nennt sich fortan Magdalena. Und während alle um sie herum um Gleichheit kämpfen, gründet sie mit ihren klugen Schwestern eine Schule nach der anderen. In ganz Europa und darüber hinaus, immer am liebsten dort, wo Kinder und Jugendliche arm und chancenlos sind. Oft schimpft sie: *»Zu wenig Platz, zu wenig Geld, zu wenig Personal!«* In einer Zeit, in der kaum einer an eine allgemeine Schulbildung denkt, glaubt sie an Gleichberechtigung und sieht, dass der Weg dazu über die Bildung führt. So hat sie es selbst erlebt und so soll es vielen anderen ermöglicht werden. Magdalena kämpft mit Ausdauer und Elan für gute Schulen, streitet mit weltlichen und kirchlichen Behörden, investiert das Geld der Internate für höhere Töchter in freie Armenschulen. *Egalité* praktisch. Heute gehören dem Sacré-Cœur-Orden fünftausend Schwestern in über vierzig Ländern an. Sie kümmern sich immer noch hauptsächlich um die Ausbildung und Begleitung von Kindern und Jugendlichen. Sophie Barat zeigte in einer bewegenden Zeit selbst ein wahrhaft revolutionäres Gemüt.

Gehen wir noch einen Gedanken weiter mit dieser Frau, mit Magdalena, der Nonne. Jetzt mal ehrlich, konnte Gott ihr denn tatsächlich das schenken, was eine Frau sich wünscht? Kann man Gott oder sein menschliches Ebenbild Jesus, *wirklich lieben*? Wollte sie denn nie heiraten? Kann Gott unsere Sehnsucht, zu lieben und geliebt zu werden, wirklich erfüllen? Ich meine: Ja, einzelne Menschen haben es immer wieder so erlebt und beschreiben es in den Liedern und Briefen, die sie uns hinterlassen haben. Auch wenn diese Erfahrung nicht allen leicht zugänglich ist, so meinen sie, dass es tatsächlich möglich ist, erfahrbar, Gott zu lieben, in Gott zu versinken. Gott zu lieben wie einen Menschen. Immer wieder haben es Menschen so erlebt, Frauen und Männer, Ordensleute und andere. Sie sagen: Gott ist Licht und in seiner Nähe schmilzt das Eis. Gott sehnt sich so sehr nach uns, dass er bis in unser Brot kommt — und die Geschichten von dieser Hingabe machen satt. Gott ist die Tür in eine neue Welt, eine neue Erfahrung, in einen neuen Raum, Durchgang zum Menschsein und zu Gott. Diese göttliche Zugänglichkeit umwirbt meine Seele jeden Tag. Ich erlebe: Ich bin aufgehoben im Guten. Wenn ich in Gott versinke, wird mein Herz wieder wie das eines Mädchens. Meine Hände werden mütterlich, wenn ich sie falte zum Gespräch mit ihm. Und ja, meine Seele erlebt die Freude einer Braut. Gott kann gleichzeitig schrecklich fehlen. Wenn ich diese Liebe vermisse, schreit mein Herz. Wenn ich mich ablenken lasse oder mein

Glück doch bei anderem suche, merke ich, dass unendliche Sehnsucht nie gestillt wird von etwas oder jemandem, der/die selber endlich ist.

Aber noch einmal: Vermisste Magdalena nicht die Nähe eines Menschen, eines Mannes? Sehnte sich Klara nicht nach Franz? Es ist wohl nicht einfach, darüber zu sprechen, aber die Mystikerinnen aller Jahrhunderte und der Gegenwart erzählen so einfach wie dezent davon, dass sie die Liebe Gottes auch körperlich empfinden. Sie beschreiben ihre Gottesbegegnung als Glücksmoment, als Ekstase, als stürmische Zuneigung Gottes. Die Gegenwart des Göttlichen kann als so real erlebt und empfunden werden, dass sie alle Gedanken erfüllt, alle Sinne, so dass man sich diese Liebe ganz gefallen lassen kann, sich ganz in sie hineinfallen lassen kann und den ersehnten Frieden findet.

So spricht die Mystik in auffallend erotischen Bildern von der Liebe zu Gott, Christus und dem Heiligen Geist. Von Zuneigung, Liebkosung, von Vereinigung und Empfängnis ist die Rede. Hildegard von Bingen betet: »Lob sei dir! Die Herzen der Menschen erglühen von dir, die Zelte der Seelen, sie sammeln die Kräfte. Der Wille steigt auf und erfüllt die Seele mit Lust, die Sehnsucht, sie brennt ihr als Leuchte. Die Einsicht ruft dich mit zärtlicher Stimme.« Gottes Zärtlichkeit wird empfangen und zurückgegeben. In Gebeten und im Leben wird Gottes zarte Liebe erwidert. »Die Liebe macht nackt«, sagen die Mystikerinnen. Als Bräute Christi empfangen und lieben sie den Bräutigam. So wirken zum Beispiel die Gebete einer Mechthild von Magdeburg eher wie ekstatische Gedichte, wenn sie bittet: »O Herr, minne mich sehr. Minne mich oft und minne mich lang. Ich rufe zu dir mit großer Gier. Ich brenne unverlöscht in deiner heißen Minne. Nun bin ich eine nackte Seele und du ihr ein wohlgezierter Gast.« Sinnlich, zutiefst erfüllend, ist so eine Beziehung zu Gott.

Theresa von Ávila
und der Einzug in die Seelenburg

In jedem Menschen gibt es einen heiligen Raum.

Es lohnt sich, ein ganzes Buch oder mehrere über Theresa von Ávila zu lesen – und es gibt eine ganze Auswahl. Theresa lebte als Mystikerin im sechzehnten Jahrhundert (1515–1582), stammte aus Ávila in Spanien, war Gründerin eines eigenen Klosters und des Ordens der unbeschuhten Karmeliterinnen. Missverstanden war sie, häufig krank, alleingelassen, noch zu Lebzeiten und bis heute verehrt, selig- und heiliggesprochen. Schwester, Nonne, Kirchenlehrerin, Heilige, Autorin. Ja, es lohnt sich meiner Meinung nach vor allem, nicht ein Buch *über* sie, sondern *von* ihr selbst zu lesen. *Moradas* (Wohnungen), im Deutschen *Die Seelenburg* oder *Die innere Burg* genannt, vermittelt die Idee, die eigene Seele als eine »Burg zu betrachten, in der es viele Gemächer gibt, so wie es im Himmel viele Wohnungen gibt«. Ich erlebe dieses Bild als ausgesprochen hilfreich für mich persönlich und nutze es deshalb auch, wenn ich über Gebet, Meditation und Versenkung spreche und lehre.

Ich verbinde also an dieser Stelle mit Theresa die Einladung, sich diesem Bild einmal anzuvertrauen: In jedem Menschen gibt es einen heiligen Raum. Wir können ihn Seele nennen, Identität oder Wesenskern. Suchen Sie diesen Raum. Er ist da. Stellen Sie sich vor, wie er aussieht, der Boden, die Wände. Vielleicht ist es ein Zimmer, ein Zelt, eine kleine Kirche, eine Kathedrale oder eine weite Ebene? Malen Sie sich Ihren Raum genau aus. Wecken Sie Ihre Vorstellungskraft auf, Ihre Fantasie. Wonach riecht es? Woher kommt das Licht? Wie warm ist es? Wenn Sie dieses Bild mögen und es Ihre Seele anspricht, versuchen Sie vielleicht zunächst für vierzig Tage auf der Schwelle zu stehen, bevor Sie den Raum betreten. Sehen Sie sich von hier aus alles genau an. Und dann betreten Sie Ihren Raum. Vergessen Sie dabei nicht: Dieser Raum ist heilig, das bedeutet unberührbar. Das ist sehr wichtig! Nichts, keine Idee oder Größe, die nicht an sich selbst heilig wäre, wird diesen Raum jemals betreten können. Also: Niemand außer Gott, dem, was Gott an Göttlichem mitbringt, und Ihnen selbst wird jemals über die Schwelle treten. In diesem Raum gelten andere Gesetze als sonst überall. Es regiert die Gnade. Die liebevolle Achtung. Und Sie selbst sind hier, ganz, aufmerksam. Ziehen Sie sich in diesen Raum zurück, wenn Sie Stille suchen, Frieden und Weisung. Achten Sie auf Sich selbst und erwarten Sie, dass Gott Ihnen begegnet. *»Und in der innersten Mitte von all diesen Wohnungen liegt die vornehmste, in der die höchst geheimnisvollen Dinge zwischen Gott und der Seele vor sich gehen.«*

Jesus sagt einmal: »Wenn du betest, geh in dein Kämmerlein.« Zieh dich zurück in dein Zimmer, deinen Raum. Gib deiner Seele Raum. Ich bin da. Dieser Raum ist heilig. Das ist eine sehr konkrete Einladung. In meiner eigenen Seelenarbeit hat mir dieses Bild sehr geholfen. Es war eine existenzielle spirituelle Erfahrung. Wenn ich bete, mein Herz ausschütte vor Gott, dann wünsche ich mir irgendwann auch, still zu werden, damit ich hören kann. Aber dann erlebe ich, dass ich in der Gefahr stehe, jedem Gedanken, der mir gerade kommt, die Tür zu öffnen. Jedem Urteil zu glauben. An alles zu denken, was ich noch erledigen muss. Jedem Gefühl nachzuspüren, jedem Gedanken nachzugehen, ihn zu begrüßen und mich mitreißen zu lassen. Ich möchte aber doch Gott begegnen, begrüßen und erwarten, dass er zu mir spricht. Es ist, als würde ich den vielen Stimmen, die auf mich einreden, sagen: »Seid jetzt mal für einen Moment ruhig! Jetzt möchte ich auf etwas anderes hören. Wartet einen Moment vor der Tür.« Ich lerne, für mich zu sein. Ich atme bewusst ein und aus, sitze aufrecht da und erinnere mein Herz daran, dass Gott da ist und ich mich bei ihm bergen kann. Umgeben von Gnadenlosigkeit, finde ich so eine innere Stärke, höre die innere Stimme, berühre meine innersten Prinzipien und habe so Zugang zu dem Tempel meines eigenen Herzens.

Harriet Beecher Stowe
und die Einladung in eine Hütte

Die bittersten Tränen werden über den Gräbern der Worte geweint, die man nicht mehr gesagt hat, und der Taten, die ungetan blieben. (Harriet Beecher Stowe)

Wer schreibt bloß solche Geschichten? Wer spricht so voller Mitgefühl und Nähe, als würde sie alle, die ihr Buch lesen, mit in Onkel Toms Hütte einladen? Wer schreibt denn 1852 so gegen Sklaverei? Wer sieht die Gottesebenbildlichkeit in jedem Menschen, als würde sie allen, die ihr Buch lesen, einen Spiegel schenken, der Schwarz und Weiß einfach nicht erkennt? Unter uns Pastorentöchtern, liebe Harriet, frage ich dich: Wie hast du das denn bloß geschafft? Und möchte sagen: Respekt!

Harriet Beecher Stowe. Schon dieser Doppelname weckte meine Neugier. Und ja, da war sie, die Geschichte, in der ich mich wiederentdeckte. Eine Pastorentochter, die Geschichten schrieb und außerdem eine echte Leseratte gewesen sein muss. Ein Mädchen, das lernen wollte und lernen durfte. Die mit Geschichten lebte, in ihnen aufging, selber neue erfand und ihre Erlebnisse damit verarbeitete. Ein neugieriger Fratz, der allmählich die Welt entdeckte und dann seine Wünsche mit der Wirklichkeit zu etwas Neuem verband. Eine Weiße, die sich auf die Seite der Schwarzen stellte. Ihr Vater investierte in ihre Erziehung und versorgte sie mit guten Büchern. Sie las aber auch seine Predigten und andere spirituelle Texte. Ihre große Schwester, die die Mutterrolle für die vierjährige Harriet übernahm, nachdem ihre Mutter Roxana Foote Beecher gestorben war, war wach, lebensfroh und engagiert, glaubte an die Gleichberechtigung aller Menschen und eröffnete mit Unterstützung ihres Vaters eine Mädchenschule. Harriet profitierte, nahm alles mit, was sie an Wissen, Bildung und Aufmerksamkeit bekommen konnte, fragte, beobachtete, schrieb, las vor, fand ein Publikum, veröffentlichte in Zeitungen, wurde ermutigt, schrieb weiter. Der christliche Glaube prägte die Lebenseinstellung der Familie so, dass er immer eine wichtige Rolle in Harriets Leben spielen sollte und ihr Engagement gegen die Sklaverei in ihm seine Inspiration fand. Als die Auseinandersetzungen zwischen Gegnern und Befürwortern der Sklaverei offen und aggressiv ausgetragen wurden und dann zum amerikanischen Bürgerkrieg führten, bedeutete Bildung für Harriet, sich eine Meinung zu bilden, und als sie mit der erbarmungslosen Lebenswirklichkeit der schwarzen Bevölkerung in Berührung kam, war ihr ein für alle Mal klar, dass sie auf der Seite der Freiheit stand. Sie schrieb ihren Welterfolg *Onkel Toms Hütte*, der ihr viel Hass aus den Südstaaten einbrachte, vor allem aber ein großes Publikum und viel Zustimmung. Schon vor dem Bürgerkrieg war das Buch drei Millionen Mal verkauft.

Harriet Beecher Stowe hat mir als Mädchen mit Onkel Tom und seiner Hütte eine ganze Welt eröffnet. Mit einer Geschichte hat sie mein Interesse für Geschichte geweckt. Ihr Name, ihre eigenen Wurzeln und das Kinderbuch mit dem dicken orangefarbenen Einband und einem gemalten Bild von einem Schwarzen mit Strohhut auf dem Cover haben an mir gerüttelt, mich begeistert. Und sie hat mir nicht nur eine Sicht auf Welt, Geschichte, Rassismus, Sklaverei, Politik, Krieg und Literatur vermittelt, sondern auch ein neues Augenmerk für mich selbst und dafür, dass jede Einzelne immer auch eine Rolle spielt im großen ganzen Geschehen.

Lina Morgenstern, Berlin, die Kinder und die Suppe

Der Kindergarten ergänzt das Familienleben durch seine gemeinsamen Spiele und Beschäftigungen und bereitet die Kinder auf die spätere Schule des Lebens vor. Er muss jedoch von der elterlichen Erziehung unterstützt und gefördert werden und macht dieselbe in keiner Weise überflüssig. (Lina Morgenstern)

Suppenlina«! So wird die Schriftstellerin und Sozialaktivistin Lina Morgenstern genannt. Eine gläubige Jüdin, die im Berlin des 19. Jahrhunderts wie viele andere um sie herum erlebt, dass die Armut wächst. Eine Frau, die sieht, dass immer und überall dort, wo Not herrscht, die Kinder besonders leiden. Ein Mensch, der sich damit nicht abfinden will. Sie heißt eigentlich Lina Morgenstern, und das scheint mir sehr passend zu sein. Morgenstern nach dunkler Nacht, leuchtendes Zeichen der Hoffnung am frühen Himmel. Auf sie geht die Pfennigverein-Idee zurück, mit der mittellose Schulkinder unterstützt werden. In Großküchen wird gutes, preiswertes Essen gekocht, das zu einem Selbstkostenpreis abgegeben wird. Ihre eigene Armut lässt sie nach neuen Wegen suchen, selbst Geld zu verdienen und gleichzeitig etwas zu tun, mit dem sie auf die Situation der Kinder aufmerksam machen kann. Sie schreibt erste Kinderbücher und gründet einen ersten Kindergarten. Schnell folgen weitere Bücher und bald auch weitere Kindergärten. In den Auseinandersetzungen, die sie damit auslöst, schreibt sie Bücher über Kindererziehung und wird für ihren sozialaktivistischen Ansatz heftig sowohl angegriffen als auch gelobt. Aber damit immer noch nicht genug: Sie eröffnet eine Suppenküche und wieder werden aus einer bald mehrere. Und auch diesmal, weil das Soziale und das Schriftstellerische, Aktion und Begleitung bei ihr immer Hand in Hand gehen, schreibt sie, und zwar

Kochbücher. Der ganze Wirbel um Pfennigverein, Kindererziehung und Armenspeisungen wird von ihrem Mann mit unterstützt. Suppenlina investiert ihre Mütterlichkeit, ihr Organisationstalent, ihren Gründerinnengeist immer weiter. Am Ende gründet sie mehrere Kinderschutzvereine, eine Idee, die von da an Schule macht, viel Nachahmung und große Anerkennung erfährt. Auch eine Frauenzeitschrift gibt sie heraus.

Suppenlina zeigt mir noch etwas. Ganz unabhängig davon, ob wir eigene Kinder haben, wie viele, oder keine, ob wir berufstätig sein wollen, sein müssen oder nicht: Wie Lina Morgenstern können wir Mütter für viele Kinder sein. Die meisten Kinder auf dieser Welt sind ohnehin nicht unsere »eigenen«. Aber was heißt das schon? Dass sie uns deshalb nichts angehen? Menschen brauchen dringend familiäre Räume, Kinder brauchen Eltern, elterliche Energie. In Indien, in Deutschland. Ein sogenanntes kinderloses Ehepaar formulierte es einmal so: »Uns tröstet sehr, dass es viele tolle Menschen gibt, die beweisen, dass man auch ohne leibliche, eigene sehr wohl »Kinder« haben kann, Menschen, die einen als Patentante, Mentor oder elterlichen Freund brauchen und denen man viel weitergeben kann. Denn der Wunsch, sich in andere zu investieren, stirbt nicht an dem Tag der Diagnose, dass das mit dem ›Kinderkriegen‹ schwierig werden könnte.«

Lina Morgenstern hatte viele Küchen in einer Großstadt, in der viele Kinder Geborgenheit und Wärme vermissten. Sie hatte viele Gärten, weil Kinder Platz und Ursprünglichkeit suchten. Sie hatte deshalb viel Arbeit und viele Kinder. Man kann wohl sagen: Sie hatte viel Leben.

Dr. Elisabeth Abegg
und weit mehr als ein Straßenschild

Mut mutet andern immer etwas zu.

Ich zog durch Berlin, Stadtplan und U-Bahn-Plan in der Hand, wusste zwar ungefähr, wo ich war, war aber nicht dort, wo ich eigentlich sein wollte, kurz: Ich hatte mich mal wieder verlaufen. Das Schild über mir teilte mir mit, dass ich in der Elisabeth-Abegg-Straße gelandet war. Und das machte mich neugierig. Da gibt es mitten in meiner Hauptstadt eine Straße, die einen Frauennamen trägt, und ich habe noch nie von dieser Frau gehört?!

Meine Recherche ergab, dass ungefähr dort, wo ich damals stand, ihre Schule war, in den Dreißigerjahren, das Luisen-Oberlyceum, ein Mädchengymnasium, und dass Dr. Abegg hier Lehrerin war. Sie war außerdem Quäkerin, Christin, Pazifistin. Ihr Engagement als Studienrätin weckte das Misstrauen der Nazis und von nun an galt sie als »politisch unzuverlässig«, wurde beobachtet, unter Druck gesetzt und schließlich strafversetzt. Meine eigene Mutter und eine meiner Schwestern sind Lehrerinnen, und ich kann an ihnen ablesen, was es bedeutet, diesen Beruf als Lebensberufung zu empfinden. Lehrerin zu sein bedeutet nicht nur Stoff zu vermitteln, abzufragen und zu benoten. Es bedeutet, Kinder zu begleiten, sie auf das Leben vorzubereiten, ihnen in Mathe beizubringen, Lösungswege zu finden, und in Deutsch, sich auszudrücken, in Erdkunde die Grenzen von Staaten, in Sozialkunde die Überwindung von Vorurteilen, in Geschichte das Verständnis für Erbe und Verantwortung, in Musik das Geheimnis der Harmonie und in Sport die Freude an Bewegung und Spiel. Es bedeutet, Pause mit ihnen zu machen, Milchflaschen auszuteilen und Streitkultur zu entwickeln. Es bedeutet, Familiengeschichten kennenzulernen,

Geschwisterkonstellationen, Tragödien und Todesfälle zu begleiten. Es bedeutet, selbst sitzen zu bleiben, bis man eine Idee findet, wie man etwas weitergeben kann. Es bedeutet, schweren Herzens eine schlechte Note zu geben, sich über die Faulheit der einen zu ärgern und die Grenzen des anderen zu bedauern. Es bedeutet, manchmal nicht weiterzuwissen und sich selbst ermahnen zu müssen, nicht abzuschreiben, kein Kind abzuschreiben. Lehrer und Lehrerin zu sein bedeutet, mehrere Stunden am Tag mit der Zukunft zu verbringen und zu merken, dass sie laute, lästige, liebenswerte Gegenwart ist.

Elisabeth Abegg war eine Lehrerin des Lebens. Strafversetzt lehrte sie tapfer weiter. Als Quäkerin war ihr größter Wunsch, ihren Schülerinnen beibringen zu können, was ihr selber heilig war: der Respekt vor der Schutzwürdigkeit des Lebens. Weil sie nicht aufhörte und Schülerinnen wie deren Eltern sie verrieten und anzeigten, versetzte man sie diesmal endgültig, so der Plan, und zwar in den Ruhestand. Aber wer eine wahre Lehrerin ist, lässt sich von so was nicht beirren. Sie ließ sich nicht beruhigen, den Mund verbieten, abschieben, kaltstellen. Und jetzt tat sie, was sie eben noch tun konnte: Sie versteckte Menschen, die untertauchen mussten, organisierte Brot und Essensmarken und arbeitete die ganze Zeit über weiter als Lehrerin. Jetzt unterrichtete sie heimlich Kinder und Jugendliche, die laut Rassengesetz nicht mehr zur Schule gehen durften. Sie blieb eine Lehrerin und war erschrocken, wie wenig die Menschen gelernt haben, trotz aller Bildung und über all die Jahre, über die Heiligkeit des Lebens. Elisabeth Abegg half über achtzig von den Nazis verfolgten Menschen und trotzdem, oder wie Historiker(innen) auch sagen können, trotzdem *und* deshalb hat sie den Terror des Naziregimes überleben können.

Mitten in Berlin hat mich ein Straßenschild auf ihren Namen aufmerksam gemacht, auf eine Geschichte und eine Persönlichkeit, eine mutige Deutsche, eine Widerstandskämpferin, die ich bisher nicht kannte. Ich habe davon auch gelernt, dass Stra-

ßenschilder eine Art Trick der Geschichte sind, denn sie erinnern uns oder wollen unsere Neugier wecken.

Anne Frank und ein Tagebuch, das Pflichtlektüre wird

Wie wunderbar zu wissen, dass niemand einen weiteren Moment warten muss, wir können jetzt beginnen, wir können jetzt langsam beginnen, die Welt zu verändern. Wie wunderbar, dass jeder Mensch dazu einen Beitrag leisten kann, Groß oder Klein, damit Gerechtigkeit sich ihren Weg bahnt. Du kannst immer, immer etwas geben, und wenn es nur ist, dass du freundlich bist.
(Anne Frank)

Ihr Tagebuch ist ein einzigartiges Dokument aus der Zeit des Naziregimes, eins der bekanntesten Bücher der Welt. Ein Standardwerk, um Jugendlichen diese schreckliche Zeit deutscher Geschichte zu vermitteln, eine Ahnung davon, was »Holocaust« bedeutet und »Faschismus«. Anne Frank ist die Symbolfigur aller zu Unrecht Verfolgten. Anne Frank starb kurz vor Kriegsende und Befreiung als Fünfzehnjährige im Konzentrationslager Bergen-Belsen.

Seit ich dreizehn war, das heißt seit einem Vierteljahrhundert, schreibe ich Tagebuch. In meinem Zimmer stehen anderthalb doppelreihig gestellte Regalbretter voller Tagebücher. Die Vorstellung, jemand könnte sie lesen, ist absurd. Hier verarbeite ich für mich, ganz persönlich, ganz nah an meinem Herzen, allererste Impulse, Ideen, Eingebungen. Hier stehen viele Zeilen, die wirklich niemanden etwas angehen. Hier werden kleine Augenblicke festgehalten wie Fotos, Schnappschüsse, die sich für keine Ausstellung eignen, sondern nur für mich sind. Hier stehen Gebete, intimste Worte an den Gott, den ich liebe. Frühe Zeilen am Morgen, zwischen Traum, Erwachen und Tagesbeginn. Ich führe keinen Dialog mit diesen Büchern, sie halten vielmehr meinen inneren Dialog mit Gott und mir selber fest. Ich schreibe immer mal wieder, den ganzen Tag über, kritzele hastig ein Zitat auf eine Seite, klebe ein Bild ein, das ich aus einer Zeitung ausgerissen habe. Oft, wenn ich am Abend lese und blättere, fällt mir erst auf, wie viele kostbare Momente und Aha-Erlebnisse sich gesammelt haben. Lese ich nach Monaten oder Jahren noch einmal, sehe ich Spuren, Entwicklungen, wo ich stehen geblieben bin, wo weitergegangen.

Anne Frank bekam zu ihrem dreizehnten Geburtstag ein Tagebuch geschenkt. Ein Geburtstag, der im Exil gefeiert wurde, denn die Jüdin Anne hatte mit ihrer Familie vor den Nazis fliehen müssen, aus Frankfurt weg nach Amsterdam. Nach anfänglicher Normalität wird ihr Leben immer mehr von Diskriminierung und Angst bestimmt. Anne muss die Schule wechseln und den gelben Stern tragen. Man hört Nachrichten von der Entwicklung des Krieges, von Deportationen in Arbeitslager und KZs. Bald muss die Familie Frank sich verstecken. Liest man Annes Zeilen, lernt man zunächst einfach ein junges Mädchen kennen, ihre Wünsche und Träume, Bekanntschaften und Gefühle, ihr Lieblingsessen, ihre ältere Schwester Margot, die in vielem so viel besser ist als sie, ihre Zuneigung zu Peter, ihre Gedanken über die Liebe und über Gott. Das Tagebuch ist die beste Freundin, jemand, die zuhört in der Einsamkeit, versteht, tröstet.

Vielleicht ist es gerade das Normale an ihren Zeilen, das uns so rührt. Zu wissen, dass um sie herum grauenhafte Gewalt tobte, Deutschland fast allen seinen Nachbarn Krieg erklärte, Judenhass und Rassenwahn immer mehr Anhängerinnen und Anhänger fanden und viel zu wenig Widerstand. Anne schreibt zu einer Zeit, in der viele Menschen in Angst lebten, auf der Flucht und in Verstecken, in der Millionen in Konzentrationslager abgeführt und ermordet wurden, Nachbarn, Bekannte, ein Banker, noch ein Nachbar, eine Schneiderin, deren Kinder. Auf einmal waren sie nicht mehr da. Wo waren sie alle?

Anne Frank und ihre Familie verstecken sich im Hinterhaus, zwei Jahre lang leben sie hier heimlich, in der ständigen Angst, entdeckt oder verraten zu werden. Hier hört Anne Frank eines

Tages, wie im Radio dazu aufgefordert wird, Briefe und Tagebuchaufzeichnungen aufzubewahren, weil sie eines Tages vielleicht wichtige Dokumente werden könnten über eine besondere Zeit der Geschichte. Da kommt ihr der Gedanke, dass ihr Tagebuch mehr sein könnte oder noch etwas anderes als nur ihre Seelenfreundin. Selbstbewusst, mit erstaunlicher innerer Stärke, mit Glauben an sich selbst und an Gott schreibt sie. Und tatsächlich: Ihr Tagebuch wird zu einem der großen Dokumente des Horrors und der Hoffnung dieser Zeit.

Auf die Aufzeichnungen von Dietrich Bonhoeffer trifft dasselbe zu. Er formuliert in einem seiner Tagebücher, dass wir selbst in den persönlichsten Aufzeichnungen, wo wir meinen, unbedingt ehrlich zu sein, doch merken, dass am Ende nur Gott unsere wahren Motive, Gefühle und Gründe kennt und versteht. Kurz nach seiner Entscheidung, nicht in die USA zu emigrieren, sondern nach Deutschland zurückzukehren, schreibt er: *»Es ist merkwürdig, ich bin mir bei allen Entscheidungen über die Motive nie völlig klar. Gott sieht gewiss, wie viel Persönliches, wie viel Angst in der heutigen Entscheidung steckt, so mutig sie aussehen mag. Die Gründe, die man für eine Handlung vor anderen und vor sich selbst ausgibt, sind gewiss nicht ausreichend. Man kann eben alles begründen. Zuletzt handelt man doch aus einer Ebene heraus, die uns verborgen bleibt.«*[7]

Bleiben wir kurz beim Tagebuch: Wenn ich merke, dass ich mein eigenes Tagebuch beschummle, muss ich dringend mit jemandem sprechen, der mir zuhört. Zeiten, in denen ich dieser Einsicht nicht gefolgt bin, wurden irgendwann einsam und hart. Wenn ich merke: Ich verschweige etwas Wichtiges vor mir selbst, dann muss ich mich öffnen, jemandem, der ich vertraue und die selber Verschwiegenheit übt. Wenn ich mich selbst nicht mehr verstehe, will ich mich mit meinen Fragen an andere wenden. Denn dass ich nicht allein bin auf dieser Welt

---

7   aus: Eberhard Bethge: Dietrich Bonhoeffer. Eine Biographie. München 1989.

bedeutet, dass ich Verantwortung habe und dass ich sie gleichzeitig nie allein übernehmen muss. In dem allen, Schreiben, Nachdenken, Grübeln, Hinterfragen, Teilen, Verschweigen und Reden weiß ich mich am Ende in Gott aufgehoben, der mich bis auf den Grund ergründet, mich besser kennt als ich mich selbst begreife und dem ich glaube, dass er immer liebevoll, für mich ist.

Immer weniger kann sich Anne zum Schluss vorstellen, dass das Leben jemals wieder normal werden wird für sie. Man spricht zwar über die Zeit, ›wenn der Krieg zu Ende ist‹, aber immer weniger glaubt sie daran, dass diese Zeit auch Wirklichkeit wird. Und sie soll recht behalten. Ihr Versteck wird verraten, von wem, ist bis heute ungeklärt. Die Staatspolizei führt sie ab und die Familie wird nach Auschwitz gebracht. Anne ist erst fünfzehn Jahre alt und entgeht dem sofortigen Tod durch Vergasung. Sie erlebt das Grauen des KZs: Nacktheit, Abscheren ihrer Haare, Einbrennen einer Nummer auf ihren Arm, Zwangsarbeit. Wegen der katastrophalen hygienischen Bedingungen und wegen des Hungers wird sie bald krank. Weil die Alliierten näherkommen, werden viele Gefangene von Auschwitz in das KZ Bergen-Belsen gebracht, wo Anne Frank kurz vor Kriegsende stirbt.

Ihr Vater ist der einzige Angehörige, der überlebt. Als er das Tagebuch seiner Tochter findet, gelingt es ihm erst kaum, es zu lesen, so schmerzhaft sind die Erinnerungen. Die unschuldigen kleinen Reflexionen, die kindlichen Träume, der Realismus, das Selbstbewusstsein, der starke Glaube, die bösen Ahnungen. Als *Das Tagebuch der Anne Frank* zwei Jahre nach Kriegsende veröffentlicht wird, wird es sofort ein Bestseller. Viele haben es gelesen und lesen es mit Mitgefühl und mit Fassungslosigkeit, die fragt, wo das Mitgefühl denn vorher eigentlich war. Und Anne Frank wird zu einer Figur, die uns erinnert, dass der Horror wirklich war, Tag für Tag, Seite für Seite.

Das Anne-Frank-Haus in Amsterdam, ein Gedenkstein für Anne und Margot Frank in der KZ-Gedenkstätte Bergen-Belsen, Filme und Bücher, viele, viele Schulen, die nach ihr benannt sind, und vor allem ihr Tagebuch halten sie und ihr Erleben in Erinnerung. Gegen das Vergessen, für die Zukunft.

Sophie, Tine
und die weiße Rose, die weiterblüht

Rosenblätter, Flugblätter, und du blühst noch immer, du bist nicht verduftet, du bist nicht bestechlich, weiße Rose.

Sophie Scholl, von der Frauenzeitschrift *Brigitte* zur Frau des 20. Jahrhunderts gewählt, ist eine weitere junge Frau, die uns erinnert und weckt. Sie und ihre Geschwister haben Flugblätter verteilt gegen den Faschismus in Nazideutschland, gekämpft gegen den Rassenwahn, die Enge und die Angst. Sie wurden gesucht, verraten und verhaftet, verhört und schließlich ermordet. Die Bewegung der Geschwister Scholl, *Die weiße Rose*, macht bis heute Mut, gerade weil sie in einer Zeit lebten, aus der es ansonsten so viele Unmutsgeschichten zu erzählen gibt.

Sophies Geschichte ist eine wahre Rosengeschichte. Mit Dornen und Blüten. Jesus selbst wurde in der Geschichte oft mit dem Symbol der kostbaren, vollkommenen Rose wiedergegeben. Die Rose aus dem Weihnachtslied, die aus der Wurzel Jesse spross. Luther trägt sie in seinem Wappen. Auch Maria, die Mutter von Jesus, wurde mit dem Symbol der Rose verbunden. So ist der Rosenkranz entstanden und die Vorstellung, dass wir Rosen in unser Leben flechten, jedes kleine Gebet ein Zeichen dafür, dass wir mehr hoffen, dass wir uns nicht abfinden mit der Welt, wie sie ist, dass wir Widerstand brauchen, einen ganzen Kranz, eine Perlenkette aus Rosen, dass wir Mut nötig haben und dass wir nicht aufhören wollen, zu lieben. Wieder denke ich auch an die Textilarbeiterinnen, die von Brot und Rosen sangen. Und noch einmal erinnere ich mich an Rosa Parks, die die Blume im Namen hatte und damit die Stacheln und das Aufblühen. Ich denke auch an eine Gruppe, die sich *Die Dreizehn Rosen* nannte. Dreizehn junge Menschen, die sich um die Waisen getöteter Widerstandskämpfer im spanischen Bürgerkrieg gekümmert haben und dafür dann selbst erschossen wurden. Die weiße Rose ist widerständig. Sie singt trotzig »Mit Gott wollen wir Taten tun«. Sie weiß von der Messiasrose, die anliebt gegen die Härte.

Anfang dieses Jahres bekam ich eine Mail, die mir zeigte, dass die Weiße Rose weiterblüht.

»Liebe Freundinnen und Freunde, der 22. Februar ist ein besonderes Datum für mich, denn es ist der Todestag von Hans und Sophie Scholl und Christoph Probst. Sie waren drei der sechs Mitglieder der Weißen Rose, die aufgrund ihres Widerstandes gegen das Naziregime 1943 hingerichtet wurden. Sophie Scholl begleitet mich als Vorbild und Inspiration schon seit einigen Jahren. In diesem Jahr ist ihr Todestag deshalb für mich so wichtig, weil ich in diesem Februar einundzwanzig Jahre alt bin, so alt wie Sophie 1943, als sie ihren Kopf unter das Fallbeil legen musste. Ich frage mich heute besonders, was ich getan hätte.

Die Weiße Rose bedeutet für mich Stärke und Mut, Hoffnung und Glauben, Freiheit und Wahrheit und Lebensbejahung, wo Leben verneint wurde. Immer wenn ich eine weiße Rose sehe, erinnert sie mich daran. Leider kann ich nicht jeder und jedem von Euch eine frische weiße Rose vorbeibringen. Ich schicke Euch aber ein Bild von den weißen Rosen in meinem Brautstrauß und wünsche Euch damit für heute und morgen und danach Stärke und Mut, Hoffnung und Glauben, Freiheit und Wahrheit, damit Ihr Ja zum Leben sagen könnt.«

Die Mail ist unterschreiben mit »Eure Tine«. Tine ist eine junge Studentin, und im Jiddischen würde man sagen, dass sie wahrhaft »Tacheles« reden kann (vom hebräischen *tachilit:* Ziel und Zweck); klar, herausfordernd, ungeschminkt. Sie sucht, ist neugierig, tapfer, eine junge Frau, die sich nicht abfindet mit der Gleichgültigkeit, die um uns herum herrscht. Sie hat ein Vorbild gefunden in Sophie und lässt sich von der Rosengeschichte nach ihrem eigenen Mut befragen, gleichzeitig findet sie hier Mut, weil sie sieht, dass es möglich ist, sich zu wehren. Ich habe Tine als Antwort ein Gedicht geschickt, das »Weiße Rose« heißt.

Weiße Rose
wenn ich dich sehe
muss ich zweimal schauen
will hinsehen, dich wahrnehmen
deinen Duft, deine Form, deine Blüte
wie du dich entfaltest, öffnest, wächst, dich preisgibst
und dann sehe ich deine Dornen
als müsstest du dich verteidigen, dich wehren
die Dornen, die zu deiner Schönheit gehören
weiße Rose, deine Farbe, eine Nichtfarbe
unscheinbar, unschuldig, rein und verletzlich, unberührt

weiße Rose
du wirst zum Zeichen für mich
du erinnerst mich an die junge Bewegung gegen Faschismus
Rosenblätter, Flugblätter
und du blühst noch immer
du bist nicht verduftet
du bist nicht bestechlich
und du bist immer rein

weiße Rose
Zeichen für Widerstand
für Wahrheitsliebe und für Mut und für die Geschwister
du hast Kraft, du spornst mich an, ermunterst, ermutigst mich

du bist der Dorn
ich will mich wehren, nicht bestechlich sein
du bist der Stängel
will gerade stehen und aufrecht sein

du bist der Duft
wenn wir lieben, verfliegen wir nicht
du bist die Blüte
ich will mich dem Licht entgegenstrecken
weiße Rose
ich will blühen wie du

Eine Jüdin,
das Heimweh und die Schuld

Vergessen ist Gnade und Gefahr zugleich. (Theodor Heuss)

Ich erinnere mich an den besonderen Tag in Südafrika, an dem ich überraschend mit einer Jüdin ins Gespräch kam. Ich fühlte mich oft fremd in dem Land weit weg von zu Hause. Bei meinen schwarzen Freundinnen und Freunden erlebte ich ein starkes Zusammengehörigkeitsgefühl, aber in manchen Momenten wurde mir klar, dass ich nicht dazugehörte, dass meine Geschichte anders war, so wie meine Hautfarbe. Eine deutsche Lady lud mich manchmal zum Kaffeetrinken ein, dann konnte ich in meiner Muttersprache reden, sie backte Apfelkuchen und gab mir immer ein Glas Maulbeermarmelade mit, selbst gemacht. Sie hatte einen weißen Südafrikaner geheiratet und war eine Aktivistin, die spannende Geschichten zu erzählen wusste, aber sie war weit weg. Wenn ich also Heimweh hatte oder mich weniger einsam fühlen wollte, fuhr ich ins jüdische Viertel, fühlte mich dabei stets ein wenig seltsam. Hier gab es kleine Cafés wie zu Hause, europäisches Kino, echtes Graubrot ... Ich verhielt mich meistens still, versuchte zu verstehen, was sich in mir und um mich herum abspielte.

Eines Tages wurde es noch merkwürdiger. Mit Besuch aus Deutschland ging ich in mein Lieblingscafé. Wir hatten uns viel zu erzählen und fingen munter an zu reden. Ich bemerkte nur aus dem Augenwinkel, wie die Dame am Tisch neben mir blass wurde, ja, wirklich fast grün im Gesicht. Und dann sagte sie sehr leise: »Ich wollte Ihre Sprache nie wieder hören!« Wir waren alle irritiert, verunsichert. Aber dann kamen wir ins Gespräch. Eine Jüdin, die kurz vor der sogenannten Reichspogromnacht aus Deutschland hatte fliehen können, nach Südafrika gekommen war und hier Sicherheit fand. Und ich ihr gegenüber, eine Deutsche, die jetzt hier in Südafrika lebte, fast ausschließlich in der Welt der Schwarzen und der Armen. Mit einem Rückflugticket in der Tasche und Heimweh nach Deutschland, und gegen die Einsamkeit fand ich Frieden in einem jüdischen Café.

Was ist Schuld? Wer ist schuld? Wir sprachen über Deutschland, über Südafrika, auch über Israel und Palästina. Über Heimweh und Zuhause. Über Gewalt. Über Schmerz, der zu neuem Schmerz führt, ja ihn fast zu rechtfertigen scheint. Wie wird das Dilemma geheilt? Wir sprachen über Sündenböcke, über Opfer, Täterinnen und Täter und merkten beide: Wir sind immer beides.

Wir sahen uns irritiert an und sprachen langsam weiter: Niemand ist, weil er schwarz ist, nur Opfer. Niemand ist, weil er weiß ist, nur Täter. Kein Jude ist für alle Zeiten nur Opfer — diese Frau sah sich als Verfolgte und Gejagte, gleichzeitig jetzt auch als Gestalterin ihres Lebens. Keine Deutsche ist immer nur Täterin — ich selber empfand bei unserer Begegnung große Scham und darüber hinaus eine starke Überzeugung, gerade auch als Deutsche, die Menschenrechte aller Menschen gleichermaßen zu achten. Wir merkten auch: Tatsächlich können wir beides sein, Opfer und Täter/in. In der einen Situation werden wir verfolgt oder kleingemacht, in der nächsten machen wir andere klein. Wir stellen uns auf die Seite der Opfer oder auf die Seite derer, die zu Unrecht immer zu Tätern gemacht werden, und machen dabei wieder neue Opfer. Und können unsere Einseitigkeit erklären und was wir verteidigen, wofür wir kämpfen, welche Opfer wir in Kauf nehmen oder wofür wir selbst uns aufopfern.

Von Jesus sagen wir, dass er geopfert wurde. Er machte keine Opfer. Er forderte keine Opfer. Er spielte nicht das Opfer. Er zog nicht andere mit in seinen Tod. Vielmehr lockt er uns mit seinem Leben. Der Mensch aus Nazareth wirbt darum, dass wir uns versöhnen lassen und die ewigen Schuldzuweisungen unterbrechen für eine neue Freiheit. Nicht geschichtslos, als wäre nichts geschehen, nicht unkritisch, als habe Handeln keine Konsequenzen, aber frei, heute anders zu leben als wir es gestern noch für möglich hielten.

Eine Verkäuferin und das Beten

Hören Sie doch einmal auf das, was Gott über Sie denkt.

Ich stehe in einem meiner Lieblingsläden. Sakral-Trash, könnte man das, was man hier kaufen kann, wohl ganz liebevoll nennen: Buddhafiguren, Engel, Klangschalen, Schmuck mit Kreuz, Krippenfiguren, Steine, Herzen, Maria als Glanzbild. Ich komme am liebsten mittwochs hierher, weil dann meine Lieblingsverkäuferin da ist. Wir reden gerne miteinander und oft hat es mit dem zu tun, was es hier zu kaufen gibt. Seufzend sagt sie diesmal: »Ich sehne mich so sehr nach Ruhe. Und dass mir einer sagt, dass alles gut wird.« Ich gucke sie an: Eine alleinerziehende Mutter. Eine Sehnsüchtige. Ich meine: »Nehmen Sie sich doch Zeit. Einmal am Tag. Am Morgen vielleicht. Setzen sie sich aufmerksam hin. Schlagen Sie eine Klangschale an. Hören sie dem Ton nach, wie er langsam leiser wird, und werden Sie mit ihm still.« Ich schreibe einen Vers auf und reiche ihr den Zettel und sage: »Und dann sprechen Sie ein paar Zeilen, diese zum Beispiel, und hören damit einmal, was Gott über Sie denkt: ›Ich habe Gedanken des Friedens für dich, dass ich dir Zukunft und Hoffnung schenke.‹« Sie liest, guckt mich an und lacht. »Lachen Sie mich aus?«, frage ich vorsichtig. Sie schüttelt den Kopf und meint: »Das hört sich so einfach an. Meinen Sie denn, das wird mich verändern?« Ich nicke. Da lachen wir beide. Draußen denke ich: Der Vers geht auf den Propheten Jeremia zurück und heißt weiter: »Du wirst rufen und ich werde hören. Und du wirst suchen und ich werde mich finden lassen.« Eine Weile später bittet sie mich um einen zweiten Vers, für ihre Tochter. Zum Weitergeben. Zum Beten. Zum Ruhigwerden. Zum Glauben.

Charlotte Keys
und die Bewahrung der Schöpfung

Die Atmosphäre, die wir Menschen schaffen,
hat lauter gefährliche Löcher.

Diese junge Frau beeindruckt mich. Charlotte Keys, noch keine dreißig Jahre alt, Afroamerikanerin, Mutter des fünfjährigen Jasper, Evangelistin und Gründerin der Bewegung *Jesus People gegen Umweltzerstörung*. Wie ist diese Graswurzel-Bewegung entstanden? Aus Frust, aus Wut und aus Angst vor der Zukunft. Charlotte wird aufmerksam, als in ihrer Umgebung mehr Neugeborene als sonst krank zur Welt kommen, Behinderungen zunehmen und alle möglichen Sorten von Hautkrankheiten und Krebs unter den Jungen wie unter den Älteren, dazu Atemprobleme, Fehlgeburten und viele andere Auffälligkeiten. Sie erschrickt, als sie entdeckt, dass Chemikalien, die eigentlich schon längst von der Basler Konvention geächtet sind, ihren Boden verseuchen. Das versteckte Gift verschmutzt das Wasser und die Luft, hinterlässt seine tödlichen Spuren in Lebensmitteln, Obst und Gemüse. Menschen sterben, ihre Rechte werden missachtet, der Chemiekonzern tritt sie mit Füßen, sitzt am längeren Hebel. Charlotte will diesen Zustand nicht hinnehmen und sorgt dafür, dass die Umweltzerstörung und ihr kleines Dorf in die Presse kommen. Sie redet. Und sorgt dafür, dass sie Gehör findet. Sie nervt Behörden und Bürgermeister. Sie sammelt Unterschriften. Die Verursacher der Umweltschäden geraten so zunehmend unter Druck. Charlotte handelt als Christin, die Natur und Umwelt als Schöpfung behandelt sehen will. Sie mahnt: Was Gott geschaffen hat, ist heilig. Sie handelt als Demokratin, die glaubt, dass tatsächlich jeder Mensch eine Stimme hat. Auch die, deren Wählerstimmen, Steuergelder und Meinungen nicht ins Gewicht fallen.

Sie verleiht denen Stimme und Gehör, die ansonsten oft überstimmt werden und überhört werden.

Muss man sich an den Tod gewöhnen? Klein beigeben? Als Jesus gestorben war, fragten besonders seine Vertrauten voller Trauer, warum Gott diesen Tod nicht verhindert hatte. Und eine Frau, meine Lieblingsperson in der ganzen faszinierenden Bibel, Maria Magdalena, steht auch vor dem Grab und fragt sich: »Warum ist Jesus gestorben? Warum ist er nicht mehr da? Wie soll ich ohne ihn bloß weiterleben?« Sie steht allein da. Und da wird sie in ihrer Trauer von einer Frage unterbrochen. Jesus selbst stellt sie: »Frau, warum weinst du denn?« Und sie denkt, er sei der Gärtner. Die üblichen Auslegungen sagen an dieser Stelle, dass Maria Jesus verwechselt. Ein bisschen belächelnd oder kopfschüttelnd: »Wie kann man Jesus nur für einen Gärtner halten?«

Mich beschenkt dieser angebliche Irrtum von Maria und ich denke an Charlotte Keys, die auf giftigem Land lebt. Jesus hat in einem Garten gebetet, müde, verzweifelt und einsam. Er wurde in einem Garten verhaftet, geküsst und im nächsten Moment verraten und verkauft. Und er wurde in einem Garten begraben und hinter einen Stein gelegt. Aber diese Geschichte war damit nicht zu Ende. Sie ging weiter und ragt bis heute in unser Leben hinein. Sie zeigt: Die Liebe ist tatsächlich stärker als der Tod! Es gibt sie, die Hoffnung ohne Ende. Die Lücke in der Mauer. Das offene Grab. Sonntag zwischen allen Alltagen. Gnade, unendliche Liebe, Ausweg. Wir müssen uns nicht mit dem Tod abfinden, wir dürfen es nicht, sondern sollen das Leben suchen. Charlotte Keys vertraut, dass Jesus der Gärtner ist und sie beschenkt mit der widerständigen Energie der Hoffnung. Diese grüne Kraft steckt hinter dem Engagement der jungen Charlotte.

Agnes von Böhmen

»Man kann nicht allen helfen«, sagt der Engherzige und hilft keinem. (Marie von Ebner-Eschenbach)

Klara von Assisi nannte ihre Brieffreundin Agnes von Böhmen zärtlich »Hälfte meiner Seele«. Agnes war eine weitere Schülerin von Franziskus, Tochter des böhmischen Königs, Cousine der großen Elisabeth von Thüringen, bemerkenswerte Frau des 13. Jahrhunderts, eine europäische Persönlichkeit. Was mich beeindruckt an ihr: Sie lebte Freiheit, Gerechtigkeit und Wahrheit in sich ausgeglichen. Freiheitlich, freiwillig arm, vertrauensvoll gläubig, geisterfüllt, engagiert für die Armen und politisch engagiert. Agnes, eine Schülerin, Tochter, Freundin, Europäerin, erzogen in Wien, wirkte in Prag, war eine sanft-mutige Werte-Vermittlerin, ein blühendes Vorbild im Ausbalancieren der Werte. Freiheit, die um Mitmenschlichkeit kämpft und von ewiger Hoffnung weiß. Gerechtigkeit, die grenzenlos großzügig ist und noch die Gleichgültigen und Selbstgerechten wärmt. Wahrheit, die relevant ist, Innerlichkeit, die sich äußerst lebendig äußert. Dem Verheiratetwerden mehrmals knapp entkommen, widmete sie ihr Leben vor allem zwei Anliegen: Der Sorge für die Armen und dem Vermitteln in der Politik. Sie mischte sich ein, in die Sorgen der Menschen auf der Straße und an fürstlichen Höfen, beides überzeugend. Aus ihrem Engagement für die Kranken und Sterbenden entstand 1223 mithilfe einiger Ordensbrüder ein Krankenhaus. Ihr diplomatisches Geschick führte dazu, dass man sie in »staatsmännischen« Streitigkeiten um Rat fragte. Sie war ein Organisationstalent, wenn es um Obdach für die Ärmsten und Todkranken ging, gleichzeitig eine politische Ratgeberin, Friedensfrau auf politischem Parkett. Ihr Bruder, Fürst Wenzel I., zog sie immer wieder ins Vertrauen, wenn er mit seinem rebellischen Sohn Ottokar II. verhandeln musste. Fürsorgliche

Schwester, geschickte Diplomatin – Agnes lebte beides leidenschaftlich und beides brachte ihr viel Wohlwollen ein. Für sie persönlich aber war das Wichtigste, eine Christin zu sein. Eine Beterin, Ordensgründerin, Mystikerin und Äbtissin. Als der Papst verhinderte, dass sie ein eigenes Frauenkloster gründete, legte sie ihre Ämter nieder und nannte sich von diesem Zeitpunkt an nur noch »die ältere Schwester« und engagierte sich jetzt »ehrenamtlich« und frei vom Vormund eines Ehemanns oder Kirchenoberhauptes. Agnes hatte eine eigene Stimme und ihren eigenen Kopf.

Mutter Teresa: Kalkutta ist überall

Finde dein Kalkutta! (Mutter Teresa)

Es ist Sonntag und ich bin in Indien. Ich schreibe am frühen Morgen, weil die Hitze jetzt noch nicht so groß ist. Später werde ich in der kleinen Schule ganz in der Nähe einen Gottesdienst besuchen. Es ist Sonntag, der 26. August 2007, und es hat sich tatsächlich so ergeben, dass ich heute über Mutter Teresa schreibe. Heute, an dem Tag, der ihr Geburtstag war, an dem sie 97 Jahre alt geworden wäre. Sie starb bereits vor zehn Jahren, aber nicht nur hier in Indien ist die Erinnerung an die alte Frau sehr lebendig, nicht nur hier würden viele die Schwester in dem weißen Sari mit blauem Saum auf einem Foto sofort erkennen.

Man könnte, wenn man Bilder von ihr sieht, leicht denken, Mutter Teresa sei als alte Nonne im Slum zur Welt gekommen. Immer schon alt, immer schon Schwester und immer schon eine Missionarin der Nächstenliebe in Kalkutta. Aber auch sie war natürlich einmal jung, unbekannt, suchend und unerfahren. Auch sie hat einmal klein angefangen. Agnes (das Lamm) Gonxha (Blütenknospe) Bojaxhiu, ein Mädchen aus Europa, am 26. August 1910 in Skopje im heutigen Mazedonien geboren.

Sie wächst in einer katholischen Familie auf, ihr Vater stirbt, als sie gerade einmal acht Jahre alt ist, ihre Mutter unterstützt das religiöse Interesse ihrer Tochter, die schon mit zwölf Jahren weiß, dass sie einmal Nonne werden will. Mit großem Interesse liest sie Geschichten von Missionaren, die in Afrika und Asien unterwegs sind. Die Gefahren, Entbehrungen, Grenzen und auch der Verzicht, den das Leben als Nonne bedeutet, scheinen sie nicht abzuschrecken, im Gegenteil, das alles übt eine große Anziehungskraft auf sie aus. Agnes besucht die Schule und die Messe wie viele andere Kinder auch, aber sie wirkt dabei früh sehr entschlossen. Erwachsene belächeln manchmal beherztes

Auftreten von Kindern, weil sie wissen, dass sich im Laufe des Lebens noch sehr viel ändern kann an Träumen, Plänen und Idealen. Aber Agnes Gonxha bleibt ihren Kinderträumen treu, und während sie selber erwachsen wird, wachsen auch ihre Pläne und ihre Verantwortung. Mit achtzehn Jahren verlässt sie ihr Zuhause, um in den Orden der Loreto-Schwestern einzutreten. Ob ihre Mutter sie aufgehalten hätte, wenn ihr klar gewesen wäre, dass sie einander nie wiedersehen würden? Erst 1991 kehrte Agnes als Mutter Teresa von Kalkutta und inzwischen indische Staatsbürgerin einmal in ihre Heimat zurück, um an der Einweihung eines Kinderheims teilzunehmen.

Agnes wird Lehrerin, lernt bei den Loreto-Schwestern in Irland Englisch und lässt sich schließlich nach Indien aussenden. Hier unterrichtet sie zunächst an einer Mädchenschule und wird nach einer Weile die Direktorin. Sie legt die Gelübde einer Nonne ab und lebt fast zwanzig Jahre lang in der Sicherheit ihres Schwesternordens. Eine Hungerkatastrophe im Jahr 1943 lässt sie die Not ihrer Umgebung anders wahrnehmen als bisher. Im Vorbeifahren sieht sie Kinder, die auf der Straße leben und so anders aussehen als die Mädchen aus St. Mary, ärmer, dünner, kranker, verwahrloster, einsamer. Sie sieht Sterbende, die unwürdig, von Ratten und Ameisen angefressen, auf der Straße liegen. Sie kann nicht mehr wegsehen. Sie stellt andere Fragen: Warum gibt es überhaupt Slums? Warum sterben Menschen auf der Straße? Warum verhungern Kinder? Kümmert sich niemand? Sie fragte auch die weltberühmte Frage: Warum tust du nichts, Gott? Wir waren ja alle nicht dabei, aber die Antwort muss in etwa so geklungen haben: »Teresa, das wollte ich dich auch gerade fragen.«

Von da an nahm ihr Leben eine andere Richtung. Das was sie als »Ruf innerhalb ihrer Berufung« wahrnahm, sollte ihre wahre Lebensberufung werden. Nach Rücksprache mit der Leitung ihres Ordens verlässt sie die Schwestern – zunächst für die Probezeit von einem Jahr.

Sie hatte nichts, als sie ihre Arbeit in den Slums anfing.

Nichts im Sinne von gar nichts. Nur ihr Herz, ihren Verstand, ihren Glauben. Aber keinen Arbeitsvertrag, kein Geld, kein Team. Also tat sie, was sie gelernt hatte, was sie eben konnte: Sie unterrichtete Kinder. Auf der Straße. Und es wurden von Anfang an täglich mehr. Als ihr klar wurde, dass man mit leerem Bauch natürlich nur ganz schlecht lernt, organisierte sie Essen. Das bedeutet: Sie bettelte um Essen für die Kinder. Sie unterrichtete tapfer weiter, schrieb Buchstaben und Zahlen mit einem Zweig in den Staub. Die Kinder lernten lesen, schreiben, rechnen. Und dann spendet jemand ein paar Stühle. Und noch jemand spendet eine Tafel und Kreide. Und es kommen die ersten paar Menschen, die sie unterstützen wollen. Schon nach ein paar Monaten hat sie so viele Helferinnen, dass sie einen neuen Orden gründet, den sie *Die Missionarinnen der Nächstenliebe* nennt. Die Mitglieder verpflichten sich wie andere Nonnen und Schwestern auch, auf eine eigene Familie, Macht und Besitz zu verzichten. Über diese Gelübde der Ehelosigkeit, Gehorsam und Armut hinaus legen die Schwestern in Teresas Orden das Versprechen ab, den Ärmsten der Armen von ganzem Herzen und ohne Gegenleistung zu dienen. Die Freiwilligen kommen aus der ganzen Welt. Es kann fast ein Jahrzehnt dauern, bis man alle Schritte getan hat, die nötig sind, um Mitglied zu werden; dazu muss man sich selbst verstehen, den christlichen Glauben studieren und die Arbeit der Nächstenliebe ausgiebig und in verschiedenen Ländern kennenlernen. Heute gehören dem Orden über viertausend Schwestern in hundertzwanzig Ländern und sechshundertfünfzig Missionsstationen an. (Dem weniger bekannten männlichen Zweig der Arbeit gehören fünfhundert Brüder in zwanzig Ländern an.) Und auch das Geld für Teresa kam irgendwann aus der ganzen Welt. Teresa nahm es immer an, egal, von wem. Wer helfen will, soll helfen dürfen – seine und ihre Motive sind dabei nicht wichtig, solange das Geld bei den Ärmsten ankommt. So wurde eine erste Schule gebaut. Ein Krankenhaus. Ein Hospiz für Sterbende. Teresa bat die Regierung, ihr Land zu schenken, und konnte eine Siedlung für Leprakranke anlegen. In Kalkutta selbst und weltweit hat sich die Hauptaufgabe der Schwestern nicht verändert: Es geht immer darum, den Ärmsten der Armen zu helfen: den Kindern, den Sterbenden, Leprakranken und Aidsinfizierten, Obdachlosen, Hungernden, Nackten, Waisen. Diejenigen, die nichts und niemanden haben, finden bei den *Missionarinnen der Nächstenliebe* Kleidung, Essen und Unterkunft. In Sterbehäusern werden Todkranke gepflegt, in Schulen und Waisenhäusern Kinder betreut.

Wenn ich unterwegs bin und Schulen besuche, frage ich die Schülerinnen und Schüler gerne: »Kennt ihr einen Menschen, der die Welt verändert hat?« Namen, die an allererster Stelle genannt werden, sind Martin Luther King und Mutter Teresa. Dann frage ich: »Was braucht man denn, um diese Welt zu verändern?« Und ganz oft, sehr oft wollen mir die Schülerinnen und Schüler dann erklären, dass man dazu vor allem Geld brauche. Ich erinnere mich gerne an den Besuch im katholischen Religionskurs der 9. Jahrgangsstufe einer Hauptschule. Man hatte mir gerade ziemlich einvernehmlich erklärt, Menschen mit viel Geld könnten die Welt verändern, Promis, Stars. Als ich dann nachfragte, ob sie Menschen kennen würden, die die Welt verändert hätten, nannten sie mir direkt drei Menschen: Mutter Teresa, Jesus und Franziskus. Nun, sagte ich, die ausgerechnet hatten jetzt aber alle nicht viel Geld. Als sie anfing, hatte Teresa ein Kreuz, einen Rosenkranz und einen einfachen weißen Baumwollsari mit blauem Saum, der zur Tracht der *Missionarinnen der Nächstenliebe* werden sollte. Als sie starb, hinterließ sie außerdem noch eine alte Bibel und eine abgetragene Jacke. Mehr nicht. Und doch sehr viel mehr.

Die einen kritisieren ihre Haltung zum Thema Abtreibung, ihre radikale Ablehnung, und meinen sie sei zu katholisch, ja reaktionär gewesen. Kritiker werden damit leben müssen, dass die alte Frau unbequem war und an unser Gewissen appellieren wollte. Sie fragt uns über ihren Tod hinaus: Was läuft eigentlich falsch in einer Welt, in der eine Schwangerschaft so viele Menschen nicht mit Glück erfüllt, sondern mit Ängsten? In der Frauen, die ein Kind erwarten, nicht guter Hoffnung, sondern voller böser Ahnungen sind? In der, statt die sozialen Probleme zu beseitigen, unsozial das Kind beseitigt wird? In Indien ist es offiziell verboten, das Geschlecht eines ungeborenen Kindes feststellen zu lassen, und doch lassen Mütter unter dem Druck, Söhne zur Welt zu bringen, ihre werdenden Töchter abtreiben. In Deutschland sind es jährlich ca. 120 000 Kinder[8]. Als die amerikanische Außenministerin 1996 gefragt wurde, was sie dazu sage, dass infolge der Wirtschaftssanktionen ihres Landes bereits 500 000 irakische Kinder gestorben seien, antwortete sie, die Entscheidung sei schwer gewesen, aber der Preis alles in allem nicht zu hoch. Wir leben in einer Zeit, in der der Tod von Kindern ein Preis ist, den wir zahlen und als nicht zu hoch empfinden. Man kann wohl enttäuscht sein, dass Mutter Teresa, als es im indisch-pakistanischen Krieg zu Massenvergewaltigungen kam, nur dazu aufrief, keine Kinder abzutreiben, statt auch die Kriegsverbrechen zu verurteilen, ja, aber ich empfinde, dass uns ihr Lebenswerk nach dem Schutz für menschliches Leben überhaupt und überall befragt, eben ganz besonders nach dem Schutz der Kleinsten, der Wehrlosen. Die alte Nonne aus Kalkutta fragt diese Welt nach ihren toten Kindern.

Andere kritisieren, Mutter Teresa sei es nie eigentlich um die Armen gegangen, sondern immer nur darum, sie katholisch zu machen. Im Gegensatz dazu kritisieren sie wieder andere, weil sie allen Menschen half, ohne Unterschied, unabhängig von ihrer Religion, und weil sie oft sagte, sie wolle Christen zu besseren Christen, Hindus zu besseren Hindus, Muslime zu besseren Muslimen, ja Menschen zu besseren Menschen machen. Vielleicht könnten wir immer, wenn wir jemandem, der Menschen hilft, ein falsches Motiv vorwerfen, zunächst unsere Motive hinterfragen, die bewirken, dass wir nicht helfen ... Oder

---

8   Quelle: Statistisches Bundesamt, www.destatis.de

vielleicht haben wir einfach keine Zeit mehr, auch noch abzu-
warten, bis unsere Motive ganz geläutert und die Beweggründe
der Reichen, zu helfen, vollkommen rein und uneigennützig
sind. Es eilt.

Ich meine, auch sogenannte Heilige muss man hinterfragen
dürfen, es muss möglich sein, kritische Anmerkungen zu machen oder auch eine ablehnende Haltung einzunehmen. Und
neben denen, die kritisieren, gibt es auch die vielen, die Mutter
Teresa einfach verehren oder trotz ihrer Kritik verehren. Am
Ende aber, meine ich, müssen sich Verehrer(innen) wie Kriti-
ker(innen) damit abfinden, dass diese alte Nonne uns eine unbequeme Herausforderung hinterlässt, die heißt: Finde dich
nicht ab mit dem unnötigen Tod so vieler, mit dem viel zu frühen oder unwürdigen Sterben. Tu, was du kannst, und finde
dein Kalkutta!

Ruth Manorama
und die Unberührbaren

Gnade, ein anderes Wort für Zugänglichkeit.

Sie galt als unberührbar. Denn sie gehörte zu den Unreinen, zur untersten Gruppe der Dalits, zu den Kastenlosen. Unberührbar, das wusste sie, bedeutete gleichzeitig arm. Und da sie außerdem eine Frau war, war es doppelt so schlimm. Sie war kastenlos, arm, weiblich, unberührbar. Und alle anderen galten als besser und reiner. Untere Kasten, mittlere, höhere und höchste, Brahmanen. Aber da wurde ihr eines Tages bewusst, dass sich auch die anderen nie berühren ließen. Je höher, desto weniger. Je bedeutender sie waren, desto mehr zogen sie sich zurück. Je reiner, desto mehr blieben sie unter sich. Je reicher, gebildeter, weiter gereist, desto mehr umgaben sie sich mit Zäunen und Mauern. Die ganz Wohlhabenden lebten nicht in Hütten oder Häusern, sondern in Villen. Und da machte sie wieder eine Entdeckung: Sie merkte, dass sie diese Idee von »Unberührbarkeit« gar nicht so schlecht fand. Denn wenn jeder Mensch sich mit einer Grenze umgeben konnte, dann bedeutete das Schutz, und diese Vorstellung half ihr eine ganze Weile.

Dann kamen Missionare in ihr Dorf. Weiße, die sie an Brahmanen erinnerten. Sie erzählten von Jesus, der ein Mensch war unter Menschen und Gottes Kind. Und da wunderte sie sich. Wenn sie sogar ihn so berühren konnten, Gottes heiliges Kind, in den Arm nehmen, in Windeln wickeln, an die Brust anlegen, an die Hand nehmen, ihm tief in die Augen sehen, Brot mit ihm teilen, an einem Tisch mit ihm sitzen, in einem Boot — wenn sogar er so berührbar war, was sollte dann diese ganze Idee? Und sie hörte, dass Jesus im Haus eines Unreinen zu Gast war und mit den Unberührbaren und Außenseitern durch die Lande zog. Und da machte sie eine ganz neue Entdeckung und spürte, dass dieser Jesus sie berührte wie niemand je zuvor.

Und für Ruth Manorama, aus der untersten Gruppe der Dalits, kastenlos, arm, weiblich, unberührbar, aus Chennai, Südindien, änderte sich alles. Sie stieg aus und ließ sich nie wieder sagen, was sie berühren durfte und was nicht. Sie glaubte nie wieder, sie sei nicht berührbar. Sie arbeitete hart, nahm gern Unterstützung an, studierte und wurde Sozialarbeiterin für die Dalit-Frauen, die Kastenlosen, die Ärmsten. Sie mobilisiert sie im ganzen Land. Sie ist die Frau, die Unberührbare verbindet.

Im Jahr 2006 verlieh man ihr den Alternativen Nobelpreis. Denn, so heißt es in der Begründung der Jury, sie sei eine Kämpferin gegen die Diskriminierung im Kastensystem und ihr Engagement, ihre Ideen und ihre eigene Herkunft hätten die Jury in diesem Jahr berührt wie niemand sonst ...

Wangari Maathai
und warum der Friede grün ist

Ihr seid die Zukunft dieses Landes. Wenn sich aber etwas ändern soll, müsst ihr selbst die Initiative ergreifen. (Wangari Maathai)

Abgeholzt. Mit jedem Baum, der gefällt wird, wird auch das Urteil über das Land gefällt: Der Boden, der nicht von Wurzeln zusammengehalten wird, erodiert, wird beim nächsten Regen um eine weitere Schicht weggeschwemmt. Wangari Maathai, auf vielen Fotos mit einem Setzling in der Faust dargestellt, pflanzt Bäume. Als erste Afrikanerin überhaupt bekommt die Kenianerin dafür 2004 den Friedensnobelpreis verliehen. Ebenfalls zum ersten Mal wurde damit auch der Friede mit dem Schutz der Schöpfung in Verbindung gebracht. Ja, wo Wälder abgeholzt werden, fehlt Lebensraum, fehlt Brennholz, wird einem der Boden unter den Füßen weggezogen. Und dort fehlt dann auch schnell der Raum für das friedliche Zusammenleben.

Wangari Maathai, die Umweltaktivistin, wird auch Mama Miti, die Mutter der Bäume, genannt. Schon als kleines Mädchen fällt sie auf, erzielt Bestnoten, bekommt ein Stipendium, studiert und schreibt ihre Doktorarbeit in Biologie, die erste Kenianerin mit diesem Titel. Sie ist noch keine vierzig, als sie zur Professorin ernannt wird, später wird sie Dekanin ihres Fachbereichs an der Universität von Nairobi. Eine erstaunliche Karriere, für eine Afrikanerin eine Glanzleistung. Berühmt wird Wangari Maathai, als sie die *Green Belt Movement* (Grüngürtelbewegung) gründet. Sie beginnt damit, einen grünen Gürtel aus Bäumen zunächst um Nairobi herum anzulegen, der sich von hier aus ins ganze Land ausbreiten soll. Mit der Mutter der Bäume an ihrer Seite pflanzen Kenianerinnen Millionen von Bäumen und forsten das kahl geschlagene Land wieder auf. Die Idee zieht Kreise über Kenia hinaus und die Bewegung wird zum afrikanischen *Green Belt Network*.

Aber Wangari Maathais Engagement endet nicht bei der Umwelt, sie gräbt sich noch tiefer in die Herausforderungen ihres Landes ein und fragt nach Demokratie. Unter der Diktatur von Arap Moi wird sie verfolgt, mehrmals verhaftet und misshandelt, denn sie protestiert gegen den Verkauf von Land und gegen das korrupte Verhalten der Regierung. Sie engagiert sich für den Umweltschutz und für Frauenrechte. Sie kämpft an der Seite der Demokraten im Land, gründet die *Mazingira Green Party of Kenya*, die Grüne Partei Kenias, wird schließlich mit großer Mehrheit ins neue Parlament gewählt und bekommt als erste grüne Politikerin Afrikas einen Sitz in einer Regierung. Als ihr 2004 der Nobelpreis verliehen wird, ehrt das Komitee damit ihren Widerstand gegen die Diktatur, ihren Einsatz für Menschen- und Frauenrechte, Umweltschutz und ihren ganzheitlichen Ansatz für Entwicklung.

Ein Land, das kein Grün hat, kann nicht atmen. Wo keine Bäume wachsen, gibt es kein Holz fürs Feuer. Ein Land ohne Wurzeln hat keinen Halt. Menschen, die nicht blühen dürfen, vertrocknen. Ein Volk ohne Vision, sagt das Buch der Weisheit, die Bibel, läuft ins Leere (Sprüche Salomos 29,18). Wangari Maathai macht auf diese Zusammenhänge aufmerksam. Sie hat, auch das muss man überall lesen, international zwar viel Ansehen bekommen, aber in ihrem eigenen Land neben politischer Verfolgung auch viel Spott ertragen müssen, wurde oft erniedrigt und muss bis heute erleben, dass sie immer wieder überhört wird. Ebenfalls lesen muss man über sie, dass ihr Mann sie und ihre drei Kinder verließ und sich von ihr scheiden ließ, weil sie, so wird er zitiert, ihm »zu bekannt und zu stark« wurde.

Liebe Wangari, möchte ich sagen, wenn sie alle Bäume um dich herum wieder abhauen und wenn Menschen, die du liebst, auch abhauen, dann pflanze und blühe trotzdem weiter! Ich würde dir gerne alle Geschichten und Weisheiten über Bäume schenken, die ich kenne, allen voran die von dem Baum, der nah am Wasser gebaut ist und nie verblüht. Und die vom wundersamen Blütenbusch in der Wüste, der nicht verbrennt. Von dem Baum, der aus einem Senfkorn wächst, bis Vögel in seinen Zweigen nisten. Und das tote Holz, an dem Jesus stirbt, das aber mit Ostern zu einem neuen Baum des Lebens wird. Ja, ihn selber wünsche ich dir an die Seite, denn vielleicht wurde er nicht zufällig für einen Gärtner gehalten nach seiner Auferweckung ... Und damit wünsche ich dir mit einem schönen alten deutschen Wort Lindigkeit für dein Herz, die grüne Güte Gottes, die unsere Wunden lindert.

Bertha von Suttner und das friedliche Buch einer kämpferischen Baronesse

Lay down your guns, all you daughters of Zion,
all you Abraham's sons. (Bono)

Wenn ich in diesen Zeiten die Bibel lese, mischen sich oft Bilder aus den aktuellen Nachrichten in die alten Geschichten. Die Ortsnamen, die hier erwähnt werden, sind alle auf der Landkarte zu finden. Tabgha, Fuliya, Tiberias, Bet Saida, die Golanhöhen. Hier hat Jesus gelebt, hier wurden seine Ideen bekannt, seine Worte berühmt, hier sprach sich seine Art herum, seine Wundertaten.

Ja, Jesus hat sein Leben nicht weitab von der Gewalt und der Tagespolitik gelebt, sondern mittendrin, in besetzten Städten, unter Menschen, die in Ost- oder Westjerusalem beten, unter Kindern, die in Israel oder Palästina zur Schule gehen, unter Alten, die ihr Haus verlieren, in dem sie aufgewachsen sind, unter Menschen, die sich nach Frieden sehnen schon ihr ganzes Leben lang. Als die Israelis im Juli 2006 das libanesische Kana bombadierten, dachte ich an Kana, den Ort in Galiläa, wo Jesus sein erstes Wunder tat und Wasser in Wein verwandelte. Ich glaube, Jesus ist mitten unter den Menschen dort, auf der Flucht, in Armut, und er demonstriert Frieden, Entfeindungsliebe, Gütekraft und Zugänglichkeit.

Ich lese Bibel, ich lese Zeitung, ich höre Nachrichten, ich bete, ich surfe im Internet, lese, wie Israelis und Palästinenser in ihren Blogs schreiben und miteinander diskutieren, wie Frieden werden kann, ich höre Musik, U2 oft: »Lay down your guns, all you daughters of Zion, all you Abraham's sons. Love and peace«: Gebt die Waffen ab, hört auf, Waffen zu liefern, ihr alle, Töchter Zions, Abrahams Söhne. Man kann ja schnell zy-

nisch werden und Liebe und Frieden für kindische Weltverbes-
serer-Ideen halten, aber wem hilft man damit?

Die Waffen nieder, so heißt auch ein Roman der ersten Frau,
die jemals einen Friedensnobelpreis erhielt und die auch an der
Idee dieser Auszeichnung beteiligt war. Sie lebte in Wien, am
Ende des 19. Jahrhunderts. Eine junge Lehrerin, Gouvernante,
Erzieherin, Kindermädchen bei den von Suttners. Hier sollte
sie die vier Töchter des Hauses erziehen, verliebte sich dabei
aber in den jüngsten Sohn und musste das Haus verlassen. Die
beiden heirateten heimlich.

Bertha schrieb und erlebte, was die Idee des Pazifismus oft
erlebt hat: Ablehnung, Spott, ein müdes Lächeln. Wer auf Gewaltlosigkeit setzt, wird bis heute immer noch für naiv gehalten. Nach dreitausend Jahren Geschichte mit fünftausend Krie-
gen muss man ja aber auch zurückfragen dürfen, ob nicht die,
die auf Waffen und Gewalt vertrauen, die eigentlich Naiven
sind.

Bertha von Suttner ist überzeugt von der Idee der Gewaltlosigkeit und der friedlichen Konfliktlösungen. Sie, die sich zunächst innerlich von der aristokratischen Tradition ihrer Familie (ihr Vater war ein Graf Kinsky von Wchinitz und Tettau)
verabschiedet hatte, dann von zu Hause weggegangen war, um
selbst für ihren Lebensunterhalt zu sorgen, schreibt jetzt ein
wütend-mutiges Buch. Aber *Die Waffen nieder*, ein Antikriegs-
roman, wird von mehreren Verlagen abgelehnt. Als er nach einer Vorlesungsreihe doch veröffentlicht wird, ist das Buch sofort ein Erfolg, wird in mehrere Sprachen übersetzt, erscheint
endlich in hoher Auflage und macht Bertha von Suttner zu einer
bekannten Stimme in der pazifistischen Bewegung. Mit Alfred
Nobel verbindet sie gegenseitige Bewunderung, Unterstützung
und Freundschaft. Ihre Idee, Menschen, die sich in besonderer
Weise um den Erhalt oder die Entstehung von Frieden einset-
zen, öffentlich mit einem Preis auszuzeichnen, findet bei ihm
Gehör. Im Jahr 1905 erhält sie selbst diesen Preis. Bertha im

O-Ton: »Ich möchte einen Stoff oder eine Maschine schaffen können von so fürchterlicher, massenhaft verheerender Wirkung, dass dadurch Kriege überhaupt *unmöglich* würden.«

Der Friede und sein Preis

Seit 1901 wird er verliehen, der Friedensnobelpreis,
jedes Jahr mit kleinen Pausen, in Kriegszeiten meist,
versteht sich,
an Ärzte ohne Grenzen, Jimmy Carter, Jassir Arafat,
Yitzhak Rabin,
Nelson Mandela und Frederik de Klerk, Michael Gorbatschow,
den Dalai Lama, Elie Wiesel, Desmond Tutu,
Amnesty International,
Willy Brandt, Martin Luther King, Albert Schweitzer,
Nathan Söderblom, Fritjof Nansen, das Internationale
Rote Kreuz –
für besondere Verdienste in der Arbeit für den Frieden.
Selig, die nicht nur darüber reden, sondern ihn stiften,
hat Jesus einmal gesagt.
Jedes Jahr verliehen
und 1905 zum ersten Mal an eine Frau,
an Bertha von Suttner, Schriftstellerin, Pazifistin,
als Anerkennung für ihren Einsatz für die Friedensidee.
1931 an Jane Adams, Präsidentin der Internationalen
Frauenliga für Frieden und Freiheit
für ihren bedeutungsvollen Beitrag zum Aufbau der Friedens-
partei der Frauen.
1946 an Emily Greene Balch
für ihr beispielhaftes und richtungweisendes Engagement
in der Internationalen Frauenliga für Frieden und Freiheit –
sie verlor wegen der Teilnahme am Internationalen Frauen-
friedenskongress ihren Job.
1976 an Betty Williams und Mairead Corrigan,
beide aus Belfast, Nordirland,

und beide der Überzeugung, dass man irgendwann
seine Kinder mehr lieben muss, als man seine Feinde hasst.
1979 an Mutter Teresa von Kalkutta
für ihren ausdauernden und beispielhaften Kampf
gegen die Armut,
weil Armut den Frieden gefährdet
wie sonst kaum etwas anderes.
1982 an die Schwedin Alva Myrdal,
Schriftstellerin und Diplomatin,
als Anerkennung für ihren Einsatz für die atomare Abrüstung.
1991 an Aung San Suu Kyi, aus Birma, Myanmar,
für ihren unermüdlichen Einsatz
für Demokratie und Menschenrechte
und ihren gewaltlosen Widerstand
gegen das Militärregime ihrer Heimat.
1992 an Rigoberta Menchú Tum
für die Rolle der Menschenrechtsvorkämpferin
als Anwältin für die Rechte der indigenen Völker.
1997 an Jody Williams,
die Sprecherin der weltweiten Kampagne für das Verbot von
Landminen,
als Würdigung ihres Einsatzes für die Verwirklichung eines
weltweiten Verbotes.
2003 an Shirin Ebadi, die tapfere Anwältin aus Teheran,
für ihren Einsatz für die Demokratisierung des Irans
und für mehr Frauenrechte
und 2004 an Wangari Maathai,
die damit die erste Afrikanerin ist, die den Preis erhält,
die für den grünen Frieden kämpft,
für ihren Einsatz zur Erhaltung der Umwelt
und zur Durchsetzung der Menschenrechte.
Jedes Jahr seit 1901 wird er verliehen
für besondere Verdienste in der Arbeit für Frieden
und er sagt uns damit jedes Jahr:
Der Friede hat seinen Preis.

Die Schwestern Mirabal
und das Erinnern

*Was die Raupe »Ende der Welt« nennt, nennt der Rest der Welt
»Schmetterling«. (Laotse)*

Auszeichnungen und Geburtstage, Gedenktage, Feiertage
und Straßennamen können uns an Geschehenes erinnern.
Das englische »Re-member« zeigt etwas Schönes: Wenn ich
mich erinnere, werde ich wieder »member«, zum Glied einer
Kette. So soll zum Beispiel das jüdische Passahfest in jedem
Jahr an die Befreiung aus der Sklaverei erinnern. Die Kinder
sind aufgefordert zu fragen: »Warum feiern wir? Was bedeutet
dieses Fest? Warum haben wir heute frei? Wer hat dafür gekämpft?« Und die Älteren sind aufgefordert, zu erzählen und
es so zu erzählen, dass die nächste Generation teilhaben kann
an der Erfahrung.

Ich habe gerade am 15. August, am Tag der indischen Unabhängigkeit, mit den Kindern eines Kinderheims gefeiert. Sie
haben mir begeistert erzählt von Tata Gandhi, einem Großvater
für sie alle, von den Heldinnen und Helden der Befreiungsbewegung, von den gewitzten gewaltlosen Aktionen wie dem
Salzmarsch, der das Steuersystem und die Ausbeutung durch
die Kolonialherrschaft an ihre Grenzen brachte. Sie haben mir
die Bedeutung ihrer Flagge erklärt und versucht zu beschreiben, wie sie sich fühlten, als sie am Morgen in der Schule ge-
hisst wurde: frei, selbstbewusst, »you simply know, you are so-
mebody« (du weißt einfach, du bist jemand). Sie haben mir den
Text ihrer Hymne erklärt und dass ihr großer Dichter Tagore sie
als eine Hymne an Gott gedichtet hatte, auch wenn das Empire
sie für eine Hymne an seinen damaligen König hielt, und dieser
Gedanke brachte sie zum Schmunzeln. Wir haben zur Feier des
Tages Eis gegessen und sie haben mir erzählt, dass viele andere

ihr Leben gegeben haben, damit sie heute frei sein können. Und mich hat die Würde berührt, die sich bei diesen Erzählungen in ihre Kinderstimmen mischte.

An jedem 25. November ist der Weltgedenktag für die Opfer von Gewalt gegen Frauen. Er wurde im Jahr 1981 zum ersten Mal ausgerufen und wird seitdem weltweit begangen. Seine Entstehung geht auf die Schwestern der Familie Mirabal aus der Dominikanischen Republik zurück. Patria, Minerva und die Zwillinge Dede und Maria Teresia unterstützten eine Gruppe, die den Sturz des Diktators Trujillo plante. Sie handelten aus der innersten Überzeugung heraus, dass die Willkür und die menschenverachtende Haltung des Regimes bezwungen werden kann. Aber der Aufstand scheiterte und einige Mitglieder der Familie wurden verhaftet. Am 25. November 1960 besuchten Patria, Minerva und Maria Teresia ihre Männer im Gefängnis. Sie durften nicht lange bleiben, keine Geschenke überbringen und mussten sehen, unter welch miserablen Bedingungen ihre Männer festgehalten wurden. Sie verabschiedeten sich hilflos und merkten, dass sie nichts weiter tun konnten. Gleichzeitig war ihre Widerstandskraft ungebrochen, und dass sie zu dritt waren, stärkte ihren Glauben.

Auf dem Rückweg nach Hause wurden sie auf Befehl des Diktators von seinen Gehilfen überfallen und ermordet, alle drei erdrosselt. Ein Unfall wurde vorgetäuscht, allerdings nicht gut genug. Das Verbrechen konnte aufgedeckt werden und eine ganze Nation trauerte um die Schwestern, um »Las Mariposas«, die Schmetterlinge, wie sie oft liebevoll und bewundernd genannt wurden. Bis heute gelten sie als Symbol für den Widerstand gegen die Diktatur. 1981, mehr als zwanzig Jahre nach der Ermordung von drei der Schwestern, wurde der 25. November zum Gedenktag für die Opfer von Gewalt gegen Frauen ausgerufen.

Jedes Jahr denken wir an drei Schmetterlinge, die tot sind, aber die Feiglinge sind die, die sie töteten. Wir denken an die vielen, die geschlagen werden oder vergewaltigt, im Krieg, auf der Straße oder zu Hause, die unterlegen sind, Angst haben, Panik, die erniedrigt werden, zur Strafe oder nur so aus Spaß oder im Rausch. »Last night I heard a screaming«, letzte Nacht hörte ich wieder Schreie, singt Tracy Chapman, und solche Gedenktage, solche Lieder bitten uns, nicht wegzuhören. Vielleicht erinnert uns am Ende jeder Schmetterling daran. An die Gewalt und an die Hoffnung auf Veränderung, ja Verwandlung.

Audrey Motaung
und die Macht der Musik

Do you know the reason why? (Audrey Motaung)

Eine musische Wucht ist diese runde Frau, schwarze Südafrikanerin, Wahldeutsche, die Gospel mit Opernstimme
singt. Wie keine andere verbindet sie für mich meinen Text-
und meinen Musikgeschmack. Wenn sie durchdringend, die
ganze Tonleiter herauf und wieder herunter, fragt: »Do you
know the reason why my people are dying?« (Kennst du den
Grund dafür, dass meine Leute sterben?). Herzzerreißend singt
sie ihre Frage ins Publikum: Warum meine Leute? Kennst du
vielleicht den Grund? Sie singt mit Leidenschaft und Ruhe, Bitten und Klagen, mit voller Stimme, die Kapellen oder Kathed-
ralen füllen kann. Sie singt das »Vaterunser«, alle sieben Bitten
schlicht und ergreifend, als Nächstes ein Loblied auf Mandela,
den ersten demokratisch gewählten Präsidenten ihrer Heimat,
auf seine Integrität und Ausdauer, dann ein altes Kinderlied
voller Gottvertrauen.

Audrey Motaung wollte eigentlich immer nur singen. Der
Musik gehörte ihr ganzes Herz. Sie sang im Kirchenchor und
im Schulchor und fiel auf durch die Vielfalt ihrer Stimme: Sie
sang mit klarer Stimme Arien, dann dreckig einen Blues, Soul,
Jazz, die Gospelsongs ihres Glaubens und die Rocksongs aus
dem Radio. Und sie musste bald merken, dass es im Südafrika
der 70er schwer war für eine schwarze Frau, Karriere zu machen. Audrey konnte den täglichen Rassismus ihres Landes
nicht übergehen. Sie engagierte sich politisch, wurde Mitglied
der Partei von Nelson Mandela und nutzte ihre ersten musikalischen Erfolge, um auf die Willkür und Gewalt des Apartheid-
regimes aufmerksam zu machen. Bei ihrer Rückkehr von einer
Konzertreise nach Europa wurde die Polizei auf sie aufmerk-

sam. Man übte Druck auf sie aus, ihr Engagement zurückzufahren. So beschloss sie, ins Exil zu gehen, kam zunächst nach England, schließlich nach Deutschland. Jahrelang sang sie nur noch gelegentlich, arbeitete als Putzfrau in einer deutschen Kaufhauskette und wartete auf eine Chance, als Musikerin weiterzukommen. Ihr erstes Album »African Sun« brachte den Durchbruch für sie. Konzertreisen führten sie quer durch Europa. Das nächste Album, »Colours can't clash«, folgte und knüpfte an den Erfolg des ersten an. Audrey sang aber immer auch in Kirchen und bei Gospelkonzerten, um ihrem tiefen Glauben Ausdruck zu verleihen. Gleichzeitig suchte sie den Kontakt zu anderen Exilantinnen und Exilanten ihrer Heimat und blieb politisch aktiv. Ihr Lied »Mandela« führte sie 1996 zurück nach Südafrika, wo sie ihre persönliche Hymne auf den Präsidenten im Rahmen einer Geburtstagsfeier vortragen durfte.

Audrey Motaung singt mir die Hoffnung tief ins Herz und hoch hinauf. Wenn ich verzweifelt bin, helfen mir ein paar ihrer Strophen mit sofortiger Wirkung. Ihre stimmliche Vielfalt macht sie zu einem musikalischen Extra. Die Weite ihrer Themen, spirituelle Tiefe, Witz, politische Eindeutigkeit, macht sie so einmalig für mich.

Babette, die Köchin
und das Fest der Hingabe

Liebe geht durch den Magen. (Volksweisheit)

Wie liebe ich dieses Buch! *Babettes Fest* ist wahrhaft ein Fest, ein Lesegenuss. Schon die Erzählung von Tania Blixen, die gegen Ende des 19. Jahrhunderts in Dänemark spielt, und dann auch der Film. Dänisch, tief und sinnig, mit einem Oscar ausgezeichnet. Martina und Philippa, einst die schönsten Mädchen im ganzen Dorf, merkwürdige Pastorentöchter, sind eigen, verschroben, ja schrullig. Alte Jungfern, würde man etwas respektlos sagen. Engstirnig, etwas Sektenartiges haftet ihnen an. Ihr Leben fromm, ihr Essen mehr als einfach, ihre Kleidung hochgeschlossen, ihre Beziehungen zu anderen distanziert, in die Jahre gekommen, wunderlich.

Da kommt über einen früheren Verehrer einer der Schwestern eine junge Französin in ihr Leben geflohen und bittet um Asyl. Diese Babette, eine berühmte Köchin, übernimmt den Haushalt der beiden Schwestern. Die Mischung an sich ist seltsam, aber die Schwestern und der Rest des Dorfes nehmen die Fremde auf und alles geht seinen Gang. Bis eine weitere Nachricht aus Frankreich das Leben unterbricht. Babette hat im Lotto gewonnen.

Und da beschließt die leidenschaftliche Köchin, ihren Gewinn für ein Festessen einzusetzen. Und sie dreht richtig auf! Lässt Zutaten importieren, Schildkröten zum Beispiel, und das alles wird natürlich mit großer Skepsis betrachtet. Ist Genuss nicht eine Sünde? Appetit ein Fehlverhalten, das mit Hafersuppe gestopft werden muss? Hatten Gaumenfreuden nicht dazu geführt, dass Eva Adam einst eine süße Frucht reichte? War, was Babette hier plante, nicht allzu französisch, nahezu gefährlich?

Aber Babette, wunderbar dargestellt von Stephane Audran, lässt sich nicht beirren. Nach Jahren grauen Einheitsbreis lädt sie zum Festessen ein. Sie zeigt der gesamten Tischrunde, den Schwestern und ihren merkwürdigen Gästen, die Großzügigkeit Gottes, die Vielfalt des Geschmacks, das Perlen von Champagner. Hingebungsvoll kocht sie, backt, brät, dünstet, sie gibt alles, ja sie gibt alles Geld aus, den ganzen Gewinn. Und damit liefert sie den alten Herrschaften mehr als nur ein leckeres Essen, denn der Genuss verwandelt die Bitterkeit, die hier versammelt schmaust, auf einmal wie durch ein Wunder in süße Freundschaft.

Angie Zelter, Ellen Moxley, Ulla Røder und die Pflugscharen

Jede Kanone, die gebaut wird, jedes Kriegsschiff, das vom Stapel gelassen wird, jede abgefeuerte Rakete bedeutet letztlich einen Diebstahl an denen, die hungern und nichts zu essen bekommen, denen, die frieren und keine Kleidung haben. Eine Welt unter Waffen verpulvert nicht nur Geld allein. Sie verpulvert auch die Hoffnung ihrer Kinder. (Dwight D. Eisenhower)

Angie, Ellen und Ulla engagieren sich friedlich und unermüdlich für atomare Abrüstung. Der Name ihrer Gruppe *Trident Ploughshares* drückt ihre Hoffnung aus: dass gefährliche Waffen zu harmlosen landwirtschaftlichen Geräten werden. »Trident« bedeutet eigentlich »Dreizack« und steht für einen Typ U-Boot-gestützter Atomwaffen, über die die US- und die britische Marine verfügen. Raketen werden zu Pflugscharen, diese Idee entstammt einem alten Bibelzitat, einem prophetischen Wort aus dem Buch Micha: »Dann werden sie aus ihren Schwertern Pflugscharen schmieden. Kein Volk wird mehr das andere angreifen und niemand lernt mehr das Kriegshandwerk« (Micha 4,3).

Gemeinsame und Einzelaktionen bringen die kreativen, widerständigen Aktivistinnen immer wieder in die Medien. Sie verschaffen sich Zugang zu Militärbasen und sorgen dort mit ihren Slogans für Aufmerksamkeit. Weil sie grundsätzlich keine Gewalt anwenden, erleben sie fast immer, dass sie mit großem Respekt behandelt werden. Ob Polizei, die sie verhaftet, oder Richter, denen sie im Prozess gegenüberstehen – sie erleben, dass man ihrer Art, ihrem Anliegen Achtung entgegenbringt.

Eine der Widerstandskämpferinnen zerstörte ein Tornadoflugzeug, das im Irakkrieg eingesetzt werden sollte, und richtete dabei einen Schaden von über eine Million Pfund an. Sie wurde dafür mit Freiheitsentzug bestraft. Immer wieder müssen sich die Aktivistinnen fragen lassen, ob sie Zerstörung von Staatseigentum nicht für ein Verbrechen halten. Sie aber argumentieren, dass sie ja im Gegenteil Dinge zerstören, um Verbrechen zu verhindern: Bedrohung, Lebensgefahr, Mord. Trident Ploughshares bekam im Jahr 2001 den Alternativen Nobelpreis verliehen, weil sie mit ihrer Initiative ein Vorbild geschaffen haben für eine prinzipientreue, transparente und gewaltfreie Aktionsgemeinschaft zur Befreiung der Welt von Nuklearwaffen.

Khumo, Jo-Anne
und Geschichten vom Gewicht

Dass Flügel der Liebe uns beschirmen, stellen wir oft erst fest,
wenn um uns herum der Sturm tobt. (Thea Eichholz)

Diese Geschichte von Jo-Anne wurde mir von meiner Freundin Khumo erzählt, einer schwarzen Südafrikanerin, die mich für ein Jahr in ihrer Familien-WG aufnahm. Ich erinnere mich noch sehr genau, dass ich ihr beim Erzählen abspürte, wie sehr sie selbst sich an die Hoffnung klammerte, die Kraft und die Bewahrung, die von der Geschichte ausgingen.

Es war zu der Zeit, als Schwarze zum allerersten Mal Land kaufen durften, ein kleines Grundstück nur, aber immerhin genug, um ein eigenes Haus bauen zu können. Leicht waren diese Häuser, aus Holzbrettern. Kälte hielten sie nicht ab, aber wenigstens den Regen. Jo-Anne wohnte zusammen mit ihren Eltern und vielen Geschwistern, mit ihren Tanten und Onkel und vielen Cousinen auf einer Farm. Da arbeiteten die Erwachsenen auf dem Feld und die Kinder spielten zusammen, an die zwanzig waren sie, eine ganze Bande.

Eines Tages fing es mitten am Tag plötzlich an zu regnen. Der Himmel wurde bedrohlich dunkel, ein Sturm zog auf. Tante Serena war die einzige Erwachsene, die da war, und sie rief die Kinder ins Haus. Plötzlich donnerte es. Dann kam der erste Blitz. Das Gewitter war sehr nah. Und dann schüttete es wie aus Eimern. Der heftige Wind rüttelte an dem kleinen Haus.

Khumo erzählte, wie Jo-Anne ihren Augen nicht getraut hatte, als sie sah, wie sich plötzlich eines Ecke des Hauses hob. Das kleine Holzhäuschen war einfach zu leicht! Da hatte Tante Serena gerufen: »Kinder, haltet euch an den Händen und geht mit mir zu der Ecke, wo das Haus wegfliegt. Los! Hin zu der Stelle, wo das Haus am leichtesten ist. Stellt euch mit eurem ganzen

Gewicht gegen das Wetter.« Sie blieben alle. Niemand rannte weg. Niemand weigerte sich, die nächste Hand zu ergreifen. Niemand ließ das Haus im Stich. So wurden sie Verbündete wie nie zuvor. Eine Gruppe, eine Gemeinschaft aus zwanzig Kindern, die sich an den Händen hielten und dann mal herhin, mal dorthin in die Ecken liefen, sich an die Wände lehnten und das Haus auf den Boden drückten. Der Sturm zog vorbei und das Haus stand.

Für Jo-Anne war das eine heilige Erfahrung. Für Xhumo ebenfalls und damit auch für mich. Es war, als hätte dieses kleine Erlebnis aus der Kindheit einer anderen Frau uns eine tiefe Wahrheit zu offenbaren: Das Leben selbst nimmt uns an die Hand. Der Lebendige, Christus selbst, der Auferstandene, fordert uns auf, aufzustehen. Er sagt uns, dass jeder Mensch Gewicht hat. Er bittet uns, einander die Hände zu reichen und gemeinsam zu den Ecken zu gehen, wo unsere Welt am schwächsten ist, wo unser Lebenshaus am leichtesten auseinanderfliegen kann. Und er ermutigt uns zu vertrauen, dass wir im Sturm die Erfahrung machen können: Wir werden geschützt von einer Kraft der anderen Art.

Marguerite Porète,
die Nähe und die Ferne

Gott ist loinprès, der Fernnahe. (Marguerite Porète)

Selig, die reinen Herzens sind; denn sie werden Gott sehen. Marguerite Porète sah Gott im Bild eines königlichen Liebhabers vor sich und hieß ihn willkommen als Bräutigam ihrer Seele. Marguerite Porète, kindlich reinen Herzens, verfolgt und beschimpft, barmherzig, selig, wurde als Häretikerin (Irrgläubige, Ketzerin) von der offiziellen Kirche verurteilt. Ihr Buch mit dem wunderbaren Titel *Spiegel der einfachen Seelen, die im Wunsch und in der Sehnsucht nach Liebe leben*[9] wurde verurteilt, streng verboten und verbrannt, fand aber enorme Verbreitung wie kaum ein anderer volksnaher Text der Mystik. Marguerite wurde bedroht und blieb hartnäckig. Da verurteilte man sie zum Tod. Was störte denn eigentlich so sehr, frage ich mich. Ihre Weigerung, sich einschüchtern zu lassen? Die schnelle Verbreitung ihrer Gedanken bei den sogenannten einfachen Leuten? Ihr Glück, das ihre Seele in der Gemeinschaft mit Gott fand? Im Alter von ungefähr fünfzig Jahren wurde sie 1310 in Paris auf dem Scheiterhaufen verbrannt. Mit dem widersprüchlichen Wort »loinprès« bezeichnete sie Gott als »Fernnahen«, der weit weg und doch untrennbar mit ihr verbunden ist, beides: unendliche Sehnsucht und unendliches Glück.

---

9   Eine moderne deutsche Übersetzung wurde unter dem Titel *Der Spiegel der einfachen Seelen: Wege der Frauenmystik* veröffentlicht (Zürich: Artemis, 1987).

Pippi und die vielen Annikas

Wir machen uns die Welt, widde widde wie sie uns gefällt.

S ag mal, wie heißt du eigentlich?«, wollte Fräulein Prüsselius wissen. Und Pippi antwortete: »Pippilotta Viktualia
Rollgardina Pfefferminz Efraimstochter Langstrumpf.« Diese
Begegnung hat natürlich eigentlich nie stattgefunden. Denn
Prüsselius und Pippi sind pure Fantasie. Aber an dieser Stelle,
bei der letzten Geschichte dieses Buches, muss ich zugeben:
Mich hat nie vornehmlich interessiert, ob die Geschichten passiert sind. Es gibt Märchen wie *Pippi Langstrumpf*, die uns
eine tiefe Wahrheit vermitteln, obwohl sie nicht objektiv wahr
sind. Und doch können wir uns in diesen Märchen wiederfinden. Wie geht das?, habe ich mich schon als kleines Mädchen
gefragt. Wie findet man sich denn in etwas wieder? War ich
denn vorher schon in der Geschichte drin? Oder habe ich mich
selbst da reingeschmuggelt?

Und wenn wir uns früher als Kinder verkleidet haben, bat ich
meine Mutter, mir Sommersprossen um die Nase zu malen und
mir Draht in die Zöpfe zu flechten, ich zog bunte Ringelsocken
an, setzte mir den Stoffaffen meiner Schwester auf die Schulter,
sang »Wir machen uns die Welt, widde widde wie sie uns gefällt« und ich war Pippi. Wirklich!

Denn Pippi hat nie wirklich gelebt, aber sie hat mich wahrhaftig ermutigt! Sie hat mich an die Stärke von Mädchen glauben lassen, meine Fantasie beflügelt, mir Selbstbewusstsein
verliehen, den Annika-Seiten in mir Besuch von nebenan vor-
beigeschickt, aus Villa Kunterbunt, mich Taka-Tuka-Land auf
der Weltkarte suchen lassen, mir mit einem Lied vom Einmal-
eins klargemacht, dass Rechnen nicht alles ist, mir mitten im
Winter ein Gefühl von Sommerferien und Freiheit bescheren
können und mir den Gedanken in die Seele erzählt, dass wir
über uns selbst hinauswachsen können.

Und wir, Sie und ich

Wir wurden ins Leben geliebt, also lasst uns das Leben lieben.
Diese Welt braucht dringend Hoffnung, mögen wir selbst
Hoffnung sein.
Lasst uns einander mit Taten der Freiheit und der Güte be-
schenken.
Möge Frieden von uns ausgehen und Mut unser Vorbild sein.
Alle Menschen atmen, denn der göttliche Geist weht und er-
neuert das Angesicht der Erde.

Wir sind nicht Arundhati, wir sind nicht Rosa – und doch, wir können aufstehen und wir können sitzen bleiben. »Wir sind nicht Bonhoeffer«, hieß es in den vielen Gedenkreden und Predigten anlässlich seines 100. Geburtstages. Ich kann es nicht mehr hören. »Echt?«, möchte ich dann immer zurückfragen. »Danke, dass Sie es noch mal erwähnen. Ich dachte tatsächlich gerade schon, ich wäre Bonhoeffer. Ach, deshalb hab ich keine Glatze und finde meine Nickelbrille nicht ...« Also bin ich wohl Christina Brudereck. Und jetzt? Bin ich nicht Coretta Scott King und komme mir ein wenig blass vor. Bin ich nicht Mutter Teresa – ach, deshalb lebe ich wohl noch? Und was bedeutet das jetzt? Es bedeutet, dass wir tun können, was wir können. Mit der Zeit, die wir noch haben und den Begabungen und der Kraft.

In einem Gebet, das wir bei mir zu Hause als Gelöbnis sprechen, heißt es: »*Wir wurden ins Leben geliebt, also lasst uns das Leben lieben. Diese Welt braucht dringend Hoffnung, mögen wir selbst Hoffnung sein ...*« Das bedeutet: Wir sind aufgefordert, uns einzumischen. Wir sind in der Lage, etwas zu tun. Zu teilen, zu schenken.

Ja, ich glaube, unsere eigene Lebensberufung ist weder beschränkt auf noch erfüllt mit unserem eigenen Leben, sondern sie findet ihren Sinn erst im Leben als Geschenk für alle. Und unsere Liebe zu dieser Welt und unsere Identität treffen sich immer im Konkreten, in dem Menschen uns gegenüber, in der Aufgabe, die wir morgen zu bewältigen haben, in der Herausforderung, heute alles zu geben. Heute das Größte zu erleben, dass wir Liebende werden. Ich wünsche mir, dass jede losgeht und ihr Ziel erreicht, Geschichte schreibt; jede, weil keine einer andren gleicht, aber jede tun kann, was sie kann. Also dann!

Das sollte der Schluss sein. Aber an diesem Morgen kam in Indien in den Bergen die Nachricht an, dass »Perlchen« geboren ist. Dass die Nachricht mich erreichen konnte, war alleine schon ein Wunder, denn mein Mobiltelefon hatte hier gar keinen Empfang. Aber große Wunder werden oft von kleineren begleitet. Herzlich willkommen, Perlchen! Ich rief es in die indischen Berge, die vom Monsun ganz grün gefärbt waren. Dein Name wünscht es dir: tüchtige Charlotte, reine Katharina, Täubchen Jemima! Herzlich willkommen, du kleines Riesenglück. Monatelang eingenistet in die Wärme deiner Mutter und mit wachsendem Staunen deines Vaters begleitet und so sehnsüchtig erwartet von vielen anderen. Wunschkind und doch viel zu groß für einen Wunsch. Wir hatten dich die ganze Zeit mit Gebeten und Segenswünschen begleitet, wir haben Träume für dich, aber monatelang, so schien es, hattest du uns geträumt – mütterlich, väterlich, kindlich, das alles für uns alle. Danke für dich!

Ich widme dir dieses Buch. Dir und den Mädchen, den Kindern, die gerade zur Welt kommen.

Ein Gedicht als Nachwort

Lisa und diese Geschichten

Als ich wieder einmal eine dieser Geschichten erzählte
von Martin und Coretta, Rosa und Rigoberta, Teresa und Suu
als ich wieder einmal erzählte
sagtest du schroff: wieso eigentlich
interessierst du dich für Menschen, die du gar nicht kennst
die sind doch alle schon tot oder meilenweit weg

Ich schwieg
und dachte zuerst an die Toten
und wusste
ein Teil ihrer Würde liegt darin
dass sie das Leben vieler immer noch beschenken
über ihren Tod hinaus und über unseren eigenen
ist das möglich

Dann dachte ich an die Lebenden
Arundhati in Indien, Neela in Sri Lanka, Suu in Myanmar
und merkte
für mich sind sie gar nicht meilenweit weg
ich teile doch ihre Gedanken, die Kraft ihrer Geschichten
und so verbinden sie sich mit mir
und ich weiß mich ihnen so nah
nicht weit weg
sondern mir weit näher mehr als mancher Mensch in meiner
Umgebung

Damit aber war diese Diskussion nicht beendet
denn ein paar Wochen später
sah ich eine Zeitschrift in deiner Tasche
du könntest meine Töchter sein und liest Gala

ach, fragte ich
steht da ein Artikel über eine deiner Freundinnen drin
oder ein Bericht über eine Kommilitonin
wieso, fragtest du überrascht
und ich: oder interessierst du dich etwa auch für Menschen
die du gar nicht kennst
eins zu eins für uns beide, sagtest du
unentschieden

Monate gingen ins Land
ich arbeitete und du gingst auf Reisen
als du dich eines Tages wieder bei mir gemeldet hast
du wolltest wissen, was ich schreibe
und ich sagte, dass ich über Maria aus Magdala forsche
und mir gerade vorstellte
sie wäre Abigail aus dem Ersten Testament begegnet
was nicht möglich ist, aber in meiner Fantasie
doch zu einem interessanten Gedankenwirbel führte

du konntest dir den Kommentar nicht verkneifen
wer weiß denn, ob Maria und Abidingsda
überhaupt jemals wirklich gelebt haben auf dieser Welt
oder spielt das für dich keine Rolle
und wieder fragtest du
wieso interessierst du dich für Menschen, die du gar nicht kennst

da fragte ich dich: du weißt, wie ich lebe
oder kümmere ich mich vielleicht zu wenig um dich
ich könnte deine Tochter sein, sagst du irgendwie schmollend
und ich erwidere nur
ja, und das ist einer der Gründe, warum ich dir diese Geschichten erzähle
und wärest du meine Tochter, würdest du jeden Abend so eine
hören

ach, sagtest du, aber lass doch die toten Figuren aus dem uralten
Buch
und ich meinte: ja denkst du denn wirklich
die Toten wollten ihre Ruhe haben nach einem Leben
sie wollen mich wecken
manchmal bin ich ja wie tot
und da rütteln sie mich wach

und da saßen wir eines Tages vor dem Fernseher
mehr zufällig
und wir guckten Nachrichten über den Krieg
und ich hatte Tränen in den Augen
und da fragtest du ganz erstaunt
du weinst wegen Menschen, die du gar nicht kennst
und ich dachte
man kann Naher Osten sagen, ohne irgendeine Nähe zu empfin-
den
und beim Fernsehen bleibt es fern
als hättest du gar nichts damit zu tun
und ich dachte an Maria und an Kana
wo Wasser wurde zu Wein
und an Abigail und wie in Kana heute die Bomben fielen
und Wasser wurde zu Blut
und ich wusste: das alte Buch und der ferne Seher bringen
mir Geschichten, die wahr sind

da sagtest du in einem kleinen Nebensatz
ach, wie geht es wohl weiter in Verliebt in Berlin
in dieser Soap mit Bruno, Lisa, Nora und Bernd
und ich sah dich an
und du fühltest dich ertappt
und wir lachten jetzt beide
du interessierst dich für Menschen, die es gar nicht gibt
so sehr, dass du ihre Hochzeit nicht verpassen darfst

zwei zu zwei für uns beide, sagtest du
unentschieden

und wieder gingen die Wochen ins Land
und als du ihn tatsächlich noch einmal wieder sagtest
diesen harten, irritierenden Satz
wieso denkst du nach über Menschen, die du nicht einmal kennst
die du noch nie getroffen hast
und da sagte ich
Lisa, ich glaube ja sogar an Gott

und auch wenn ich den nicht gut kenne und noch nie sah
glaube ich doch
Gott kennt dich
und interessiert sich für dich, auch wenn du weit weg bist
oder sogar irgendwann tot

da sagtest du leise
dann steht es jetzt erst einmal drei zu zwei für dich
oder eins zu null für Gott
oder wie ist das, haktest du nach
ist der ein Typ, der gerne gewinnen will
oh, sage ich, ganz entschieden
gewinnen will er
unbedingt
und zwar dich

Christina Brudereck

Zum Weiterlesen

Beecher Stowe, Harriet: Onkel Toms Hütte. Wien: Ueberreuter, 2001.

Brandt, Heike: Die Menschenrechte haben kein Geschlecht. Die Lebensgeschichte der Hedwig Dohm. Weinheim und Basel: Beltz, 1995.

Frank, Anne: Das Tagebuch der Anne Frank. Frankfurt a.M.: Fischer, 12. Aufl. 2001.

Hildebrandt, Irma: Frauen mit Elan. 30 Portraits von Rosa Luxemburg bis Doris Dörrie. Kreuzlingen: Hugendubel, 2005.

Hildebrandt, Irma: Große Frauen. Porträts aus fünf Jahrhunderten. Kreuzlingen (CH): Hugendubel, 2008.

Hustvedt, Siri / Gisbourne, Mark: Donata. Islands of Silence. The Photographs – Donata Wenders. München: Prestel 2006.

Kerner, Charlotte (Hrsg.): Madame Curie und ihre Schwestern. Frauen, die den Nobelpreis bekamen. Weinheim und Basel: Beltz, 1997.

Kerner, Charlotte (Hrsg.): Nicht nur Madame Curie ... Frauen, die den Nobelpreis bekamen. Weinheim und Basel: Beltz, 1999.

Lindgren, Astrid: Pippi Langstrumpf. Hamburg: Oetinger, 27. Aufl. 1987.

Porète, Marguerite: Der Spiegel der einfachen Seelen. Wege der Frauenmystik. Zürich: Artemis, 1987.

Roy, Arundhati: Die Politik der Macht. München: btb, 2004.

Schirmer, Eva: Mystik und Minne. Frauen im Mittelalter. Wiesbaden: Panorama Verlag, o.J.

Scholl, Inge: Die Weiße Rose. Der Widerstand der Münchner Studenten. Frankfurt a.M.: Fischer, 1993.

Sichtermann, Barbara: 50 Klassiker – Frauen. Die berühmtesten Frauengestalten der Geschichte. Hildesheim: Gerstenberg, 6. Aufl. 2008.

Sontag, Susan: Worauf es ankommt. Essays. München: Hanser, 2005.

Suu Kyi, Aung San: Der Weg zur Freiheit. Gespräche mit Alan Clements. Bergisch Gladbach: Lübbe 2000.

Tutu, Desmond: Keine Zukunft ohne Versöhnung. Düsseldorf: Patmos, 2001.

Walker, Alice: Auf der Suche nach den Gärten unserer Mütter. Beim Schreiben der Farbe Lila. Essays. München: Goldmann, 1989.

Woolf, Virginia: Ein eigenes Zimmer. Frankfurt a.M.: Fischer, 2006.

Wunderlich, Dieter: EigenSinnige Frauen: Zehn Portraits. München: Piper, 8. Aufl. 2008.

Christina Brudereck

dazwischen Funken
Neue Gedichte zum Glauben

Gebunden, 64 Seiten · Bestell-Nr. 629007

Neue lyrische Texte von Christina Brudereck über starke Frauen, Engel im Herbst, Männer, denen es reicht, Sonnenmomente, schrullige Greisinnen und Gott, den großen Künstler und Bewahrer ...

Champagner
an diesem Morgen sagte Gott
mit feierlicher Stimme
in meinem Keller voller Geheimnisse
lagern noch eine Menge Flaschen
mit allerbestem Champagner
wir lassen die Korken knallen
und feiern die Feste der Leidenschaft
heute stoßen wir an auf jeden Menschen
der sich hingibt und liebt

SCM Collection

Shauna Niequist

Der Geschmack von Leben

Den Alltag zum Fest machen

Paperback 13,5 x 20,5 cm · 200 Seiten · Bestell-Nr. 226266

Der Alltag ist voller Schätze. Gottes Fülle erwartet uns an jedem Tag. Shauna Niequist, Tochter von Bill Hybels, erzählt in diesem Buch in kurzen Episoden von ihrer Suche nach einem Leben voller Leben. Unterhaltsam zu lesen, intelligent und spritzig geschrieben, geistlich authentisch und lebensnah.

»Ich will ein Leben, das prickelt und knistert und mich zum Lachen bringt. Ich will nicht am Ende meines Lebens oder auch nur am Ende dieses Tages dastehen und erkennen müssen, dass mein Leben nichts anderes ist als eine Ansammlung von Terminen und To-do-Listen. Ich will saftige Erdbeeren essen und im Auto bei offenen Fenstern laut singen und die ganze Nacht aufbleiben und lachen und meine Wände genau in der gleichen Farbe anmalen, die der Himmel im Moment hat. Ich will ausgelassene Partys feiern und Bücher lesen, die so gut sind, dass ich vor Begeisterung tanze, und ich will, dass Gott über mein tägliches Leben herzhaft lachen kann und sich freut, dass er jemandem das Leben geschenkt hat, der dieses Geschenk liebt.«

SCM R.Brockhaus